W0281618

pfeiffer
bei Klett-Cotta

Zu diesem Buch

Fast alle Menschen kennen aus Erfahrung Situationen, in denen sie sich beruflich oder privat überfordert fühlen, wo sie überlastet, gereizt, hektisch oder nervös sind. Das Gleichgewicht zwischen An- und Entspannung, Aktivität und Ruhe, Streß und Erholung ist heute allzu oft gestört. Mit dem von Angelika Wagner-Link entwickelten und an verschiedenen Gruppen praktisch erprobten Breitbandprogramm wird hier ein effektiver Ansatz zur Streßbewältigung und Streßprävention vorgestellt.
Individuelle Stressoren erkennen, Streßenergie positiv nutzen, kurzfristige Erleichterungstechniken einüben und auf langfristige Streßbewältigungspraktiken hinarbeiten – das sind die wichtigsten Schwerpunkte des verhaltenstherapeutisch orientierten Programms. Bedarf an systematischen Streßbewältigungstechniken besteht heute sowohl im Therapiebereich (z. B. psychosomatische Beschwerden, Leistungsstörungen) als auch in der Prävention (z. B. betriebliche Gesundheitsförderung, Präventionsprogramme der Krankenkassen für die Versicherten und Erwachsenenbildung).

Angelika Wagner-Link, Dipl.-Psych., Psychologische Psychotherapeutin, ist Verhaltenstherapeutin und Supervisorin; in ihrem »Institut für Mensch und Management« in München bietet sie Managementtraining und Coaching an. Sie ist Lehrbeauftragte der Ludwig-Maximilians-Universität, München.

Angelika Wagner-Link

Verhaltenstraining zur Streßbewältigung

Arbeitsbuch für Therapeuten und Trainer

Pfeiffer bei Klett-Cotta

Leben lernen 101

Pfeiffer bei Klett-Cotta
© J. G. Cotta'sche Buchhandlung Nachfolger GmbH, gegr. 1659,
Stuttgart 1995
Alle Rechte vorbehalten
Fotomechanische Wiedergabe
nur mit Genehmigung des Verlages
Printed in Germany
Umschlag: Michael Berwanger, München
Titelbild: Hundertwasser (754) Conversation with a Tree
© 1995/1999 Joram Harel, Wien
Auf holz- und säurefreiem Werkdruckpapier gedruckt
und gebunden von Auer, Donauwörth
ISBN 3-608-89675-9

Dritte Auflage, 2001

Die Deutsche Bibliothek – CIP-Einheitsaufnahme
Ein Titeldatensatz für diese Publikation ist bei Der Deutschen Bibliothek
erhältlich.

Inhalt

Vorwort

Beinahe wäre dieses Buch zum Selbstversuch über Streßprobleme geworden. Unser speziell für Buchprojekte neu installierter Computer spielte mit vielen unerwarteten Rätseln und eigenwilligen Aktionen Stressor für mich und meine Helfer. Zum Glück beschreiben wir jedoch in erster Linie den positiven Umgang mit Belastungen. So hatten wir laufend die Möglichkeit, sämtliche Techniken zu trainieren oder sie uns zumindest gegenseitig zu empfehlen.

Auch Therapeuten und Trainer können bei der Lektüre durchaus zunächst die Methoden selbst ausprobieren: Wir alle sind mehr oder minder Streßprofis, nach der Arbeit mit diesem Buch hoffentlich auch Streßbewältigungsprofis.

Ich wünsche allen Lesern und deren Kursteilnehmern/Klienten recht viel Erfolg bei der praktischen Anwendung.

Mein Dank gilt den vielen KollegInnen, die mich bei Weiterbildungsveranstaltungen durch ihre Fallberichte, Beiträge, Fragen, aber auch »Fehler« zum Nachdenken oder zu klarer strukturierter Instruktion veranlaßt haben.

Meinen Klienten und Kursteilnehmern möchte ich ebenso danken, denn durch ihr Interesse, ihre Lernbereitschaft und durch ihre Erfolge, die gleichzeitig auch meine Erfolgserlebnisse waren, wurde ich stets aufs neue motiviert.

Nicht zuletzt noch ein besonderes »Dankeschön« an meine geduldige, verständnisvolle Familie und meine engagierten und ausdauernden Helfer und Freunde.

Angelika Wagner-Link

1. Voraussetzungen für Streßbewältigungstrainings

1.1 Grundlagen des Konzepts

Positiver Umgang mit der eigenen Energie hat in den letzten Jahren zunehmend an Bedeutung gewonnen. So besteht heute sowohl im Therapiebereich (z. B. Behandlung von psychosomatischen Beschwerden, Leistungsstörungen, Burnout) als auch in der Prävention (z. B. Managementschulung, betriebliche Gesundheitsförderung, Präventionsprogramme der Krankenkassen, Gesundheitszirkel) deutlicher Bedarf an systematischen Streßbewältigungstechniken.
Im vorliegenden Buch wird ein verhaltenstherapeutisches Breitbandprogramm vorgestellt, das in der Praxis mit verschiedenen Zielgruppen und unterschiedlicher Dauer durchgeführt und auf seine Effizienz geprüft wurde. Es wurde auf der Basis des von Krauthan, G., und der Autorin unter der Leitung von Brengelmann, J. C., 1983, erarbeiteten Streßbewältigungstrainings – ursprünglich für Polizeibeamte – laufend weiterentwickelt und auf unterschiedliche Zielgruppen (z. B. Krankenkassen/Management-Training) übertragen.
Im Bausteinverfahren werden einzelne Methoden gezeigt und verschiedene Kombinationsmöglichkeiten der jeweiligen Zielgruppe (z. B. Einzel-/Gruppentherapie, Streßtrainings) und der vorhandenen Zeit entsprechend erarbeitet.

Ziele

dieses verhaltenstherapeutischen Gruppentrainings für den präventiven (und therapeutischen) Bereich sind:

- Sensibilisierung bezüglich Streß am Arbeitsplatz und im Privatleben
- Verbesserung des aktiven Umgangs mit alltäglichen Belastungen

- Förderung bzw. Erhaltung des körperlichen und subjektiven Wohlbefindens
- Abbau von Streßfolgen
- Erhaltung bzw. Verbesserung der Leistungsfähigkeit
- Erlernen alltagstauglicher Streßbewältigungsmethoden

Zielgruppen

Alle Menschen, die eigenen Streß bewältigen und Streßschäden vorbeugen bzw. abbauen wollen. Das Programm kann präventiv oder therapeutisch eingesetzt werden.
Als Beipiele seien genannt:

- Mitglieder von Krankenkassen/Versicherungen
- Angehörige eines Betriebes, einer Organisation
- Interessierte an offen ausgeschriebenen Programmen im Rahmen von Gesundheitsberatung
- besonders belastete Berufs- und Personengruppen wie Vertriebsangehörige, Polizisten, Lehrer, Studenten, Mütter usw.
- Patienten/Klienten im Rahmen der Therapie

Teilnehmer/innen werden als *Tn*, Trainer/innen als *Tr*, Therapeut/innen als *Th*, Klient/innen als *Kl* bezeichnet – ohne Artikel, um beide Geschlechter einzuschließen.

Indikation

Häufiges oder gelegentliches subjektives Streßerleben mit Belastungsgefühlen, Hektik, Ärger etc. sowie alle Störungen, deren Ursachen und/oder Folgen ineffektiver Umgang mit Streß sind, z. B.

- Burnout
- Typ-A-Verhalten
- psychosomatische Störungen wie
  - Bluthochdruck
  - Spannungskopfschmerz
  - Ulceri
  - Gastritis
- Erschöpfung
- Leistungsabfall

Kontraindikation/Ausschlußkriterien

Alle schweren psychischen und körperlichen (auch funktionellen) Störungen, insbesondere

- akute Suchtprobleme
- schwere neurotische Störungen
- extreme Erregung
- Ängste und starke soziale Hemmungen, wenn sie eine Integration in die Gruppe erheblich erschweren
- akute existentielle Belastung
- Suizidgefährdung
- laufende Psychotherapie, es sei denn, der/die Therapeut/in hat die Teilnahme am Kurs empfohlen.

Gerade wenn es sich um ein Streßpräventionsprogramm mit »Gesunden« handelt, sind problembeladene Tn/Kl (z. B. direkt nach einem Todesfall in der Familie) meist schwer in die Gruppe integrierbar, zudem belasten sie die anderen Tn/Kl und behindern den Ablauf durch Aufmerksamkeitsstörungen, da sie ihre Wahrnehmung verständlicherweise auf ihr akutes Problem lenken. Hier empfiehlt es sich, entsprechende Gruppen, z. B. Rehabilitationsgruppen oder aber eine Psychotherapie anzubieten oder darauf zu verweisen.

Ein Vorgespräch – eventuell kombiniert mit einem Kurzvortrag über Streß und die Vorgehensweise im Kurs – ist sinnvoll, z. B. um unrealistische Erwartungen abzubauen, die persönliche Motivation zu erfassen und Kontraindikationen auszuschließen. Zusätzlich können Interessierte sich auf Tr/Th einstellen bzw. sich gegen ihn/sie entscheiden.

Training in Gruppen

Eine Gruppe bietet viele Vorteile gegenüber Einzeltrainings:

- Die Arbeit und das Erlernen von Entspannungsmethoden in der Gruppe macht den meisten Tn/Kl mehr Spaß als alleine.
- Die eigenen Probleme relativieren sich, wenn man sieht, daß alle streßbelastet sind.
- Die Bereitschaft, die eigenen Bewertungen zu hinterfragen,

nimmt zu, wenn beobachtet werden kann, daß ähnliche Situationen ganz unterschiedlich wahrgenommen werden.

- Speziell bei homogenen Gruppen können Tn/Kl einige Copings anderer Tn/Kl übernehmen.
- Die Tn/Kl motivieren und helfen sich gegenseitig, z. B. durch positives Feedback, Lernpartnerschaften und konkrete Unterstützung.
- Die Zahl der zur Verfügung stehenden Übungspartner, z. B. in der Handlungsprobe, erhöht sich, so kann mehr Feldnähe erzeugt werden, so auch wenn mehrere Partner gleichzeitig benötigt werden.
- Es besteht die Möglichkeit, an vielfältigen Modellen zu lernen.
- Transfer wird für Tn/Kl durch andere Gruppenmitglieder unterstützt, umfangreich kontrolliert, und der Verstärkungswert ist deutlich größer, wenn eine ganze Gruppe gelungener Umsetzung applaudiert.
- Die Fixierung auf Tr/Th reduziert sich durch die Vielzahl von Ansprechpartnern.

Tn/Kl-Zahl

Bewährt hat sich eine Anzahl von sechs bis zwölf Teilnehmern; sind zwei Tn/Th verfügbar, kann sich die Anzahl der Tn/Kl auf 14 erhöhen. Wenn kein Vorgespräch stattgefunden hat, ist erfahrungsgemäß mit einem Drop-out von ca. 25 Prozent zu rechnen. In diesem Fall kann die Zahl der Anmeldungen bis zu 16 Personen gehen.

Bei der Gruppenzusammenstellung müssen die üblichen Kriterien beachtet werden, wie sie z. B. auch für Therapiegruppen gelten. Extreme Minderheitenpositionen bezüglich Alter, Geschlecht, Bildungsstand und Hierarchie sind zu vermeiden. Es sollte sich also beispielsweise nicht ein Abteilungsleiter unter lauter Sekretärinnen oder Sachbearbeitern befinden oder ein junger unter vielen erheblich älteren Teilnehmern. Wichtig ist es auch, direkte Abhängigkeiten unter den Tn/Kl zu vermeiden, wie sie etwa bei Vorgesetzten und deren Mitarbeitern gegeben sind. Auch bei (Ehe-)Paaren müssen Vor- und Nachteile reiflich überlegt werden.

Trainer/Therapeutenverhalten

Im Rahmen dieses verhaltenstherapeutischen Programmes ist eine Kombination von freundlich-direktiv-strukturierendem Tr/Th-Verhalten besonders effektiv *(siehe Kap. 10 Effekte).*
Phasenweise, etwa bei einzelnen Schritten der Einstellungsänderung, Problemlösung sind zusätzlich nondirektiv-annehmende Tr/Th-Fertigkeiten erforderlich.
Wesentlich sind auch angstreduzierendes und konstruktives Vorgehen. Dies bedeutet, daß alle Ansätze im Verhalten der Tn/Kl, die in Richtung Auseinandersetzung mit eigener Belastung, Streßbewältigung, Kooperation bzw. Unterstützung anderer Tn/Kl gehen, verbal oder nonverbal positiv verstärkt werden. Unerwünschtes Verhalten wird nicht beachtet (gelöscht) oder freundlich-direktiv, aber behutsam, modifiziert.
Tr/Th hat immer Modellfunktion – auch in bezug auf seinen eigenen Umgang mit Streß! Die Bereitschaft, selbst Handlungsproben und Übungen vorzuführen, gehört dazu: auch Vermeidungsverhalten wird imitiert! Sinnvoll ist sicher, daß Tr/Th seine Modellfunktion und seine Fähigkeit, belastende Situationen umzustrukturieren (z. B. mit Humor und Provokation), bewußt einsetzt.

Qualifikation der TrainerInnen bzw. TherapeutInnen

Geeignet sind DiplompsychologInnen und ÄrztInnen mit Vorerfahrung im präventiven und/oder therapeutischen Bereich und guten Kenntnissen in verhaltenstherapeutischen Methoden. Wichtig sind auch fundiertes Wissen über Streßtheorie sowie Erfahrungen mit Gruppenverfahren und Entspannungstechniken (Literaturempfehlungen siehe Anhang).
Eine derart hohe Qualifikation ist wichtig

- um den Kursteilnehmern bzw. Klienten gerecht werden zu können. Ein Streßverhaltenstraining ist zwar keine Therapie, aber Ängste (z. B. bei Entspannungsübungen), tiefliegende Probleme (z. B. bei Einstellungsänderung) können aktiviert werden und das muß der/die Trainer/in auffangen können.
- um sich in der Durchführung sicher und kompetent zu fühlen.

- um sich auf dem breiten Markt der Prävention zu etablieren und positiv von anderen, hierfür nicht ausreichend qualifizierten Berufsgruppen (z. B. Krankengymnasten, Heilpraktiker) abzuheben und entsprechend selbstbewußt auftreten zu können – und das auch zu tun!
- um dem Berufsstand der Psychologen und Ärzte nicht zu schaden;
- um die beschriebenen Techniken im Bedarfsfalle auch in Therapie und Rehabilitation anwenden zu können.

Bei zielgruppenspezifischen Seminaren/Trainings (wie z. B. von der Autorin für Führungskräfte, Vertriebsbeauftragte, Polizisten, Lehrer oder betriebsinterne Trainings durchgeführt) ist zusätzliches Know-how über Zielgruppe bzw. Betrieb/Organisation, deren Aufgabenfeld, Probleme sowie Habitus und Kommunikationsstil etc. hilfreich. Bei großangelegten Projekten empfiehlt sich eine Pilotstudie oder aber zumindest die Durchführung von Vorgesprächen und/oder Feldbeobachtungen.
Als geeignete Weiterbildung zu den beschriebenen Methoden bieten sich die entsprechenden Streßkurse des Berufsverbandes Deutscher Psychologen (BDP), des Instituts für Therapieforschung (IFT) oder bei der Autorin (Institut für Mensch und Management) an.

Zum allgemeinen Rahmen

- Möglichst legere Kleidung (Trainingsanzug etc.) ist zu empfehlen
- warme Socken (sind für Entspannungsübungen wichtig)
- keine zu üppige Küche anbieten
- Kaffeeangebot reduzieren, da Koffein aktiviert und so die Entspannungsfähigkeit behindert
- störungsarme, ruhige Umgebung unterstützt das Arbeits-/Entspannungsklima
- auf rauchfreie Zone (Seminarraum/Entspannungsraum) hinweisen.

Ideal ist ein Hotel (o. ä.) mit Sportmöglichkeiten (Schwimmen, Sauna, Fitneßraum) oder bei Trainings über mehrere Wochen verteilt eine psychotherapeutische Praxis, Weiterbildungsstätte, firmeninterne Weiterbildungsräume etc.

Raumausstattung

Auch die Raumaustattung ist für Streßbewältigungstrainings wichtig. Benötigt werden:
Ein Raum:

- mit Flipchart
- mit Pinwänden
- mit Overheadprojektor
- evtl. mit Video
- ohne Stühle und Tische
- ohne Aschenbecher

Zusätzlich ein Entspannungsraum:

- ohne Telefon
- gut beheizt
- ruhig!
- ohne Stühle und Tische
- Matten oder Wolldecken für die Übungen
- »Bitte nicht stören«-Schild an der Türe

Bei mehr als 10 Tn/Kl sollte ein zusätzlicher Raum oder eine ruhige Ecke für Kleingruppenarbeit organisiert werden.

Methoden

An Lehr-/Trainingsmethoden empfiehlt sich ein Wechsel von

- Referaten, Demonstrationen, Diskussionen und brainstorming
- Entspannungsübungen und Rollenspiele
- Kleingruppenarbeit, Lernpartnerschaft und Einzelarbeit

Arbeitsunterlagen/Medien

Bei der Arbeit mit Gruppen, insbesondere bei firmeninternen Seminaren und Präventionsprogrammen, z. B. für Krankenkassen, sollte die Grundausstattung folgendermaßen aussehen:

- Flipchart
- Pinwände
- Moderationskarten
- Overheadprojektor
- vorgefertigte Folien (auch Cartoons etc. zur Auflockerung) und evtl. Schaubilder, z. B. zum vegetativen Nervensystem
- evtl. ein gutes Streßvideo
- evtl. Biofeedbackgerät(e)
- evtl. Kassettenrecorder und Kassette für Entspannungsübungen
- Decken oder Matten für Entspannungsübungen
- Unterlagen für die Teilnehmer.

Dauer

(Siehe dazu auch die detaillierten Ausführungen in Kaptiel 9.)
Das hier beschriebene Programm geht auf ein 3wöchiges Intervall-Training (je 1 Woche Training, 4 Wochen Pause) zurück, wie es u. a. bei der Polizei Nordrhein-Westfalen, Niedersachsen und Rheinland-Pfalz seit 1983 durchgeführt wird. In der 4. Woche wurden z. T. zusätzlich zielgruppenspezifische Kommunikationstechniken trainiert.
Die einzelnen Bausteine wurden auch separat eingesetzt (z. B. bei verschiedenen Industrieunternehmen) in 3–4-Tages-Seminaren oder in mehrwöchigen Kursen mit je 2–4 Wochenstunden und 1–2 Wochenend-Blöcken, insgesamt ca. 30–40 Stunden (z. B. bei Krankenkassen).
Sämtliche Techniken können auch als Einzelmaßnahmen geübt oder in andere verhaltenstherapeutischen Verfahren integriert werden.

1.2 Aufbau des Verhaltenstrainings

Das Programm basiert unter anderem auf dem Streßmodell nach Lazarus sowie einigen Grundgedanken Selyes und der Integration des Typ-A-Verhaltens nach Glass. Bei der Einstellungsänderung werden auch kognitive Techniken bzw. Methoden der RET (Ellis) angewandt.

Auswirkungen

Die Evaluation (Bruns, G., 1986) des 3wöchigen Trainings konnte nachweisen, daß zahlreiche positive Effekte erzielt wurden, z. B. Reduzierung von Streßreaktionen, Veränderung streßreduzierender Bewertungen und deutlicher Rückgang der Reizbarkeit (siehe auch Kapitel 10).
Das Seminar gliedert sich in zwei ineinandergreifende Blöcke:

Streßanalyse und Streßbewältigung.

Ausgehend vom transaktionalen Streßmodell (Lazarus) und in Anlehnung an das Analysemodell von Kanfer werden hier bezeichnet:

- Streßauslösende Bedingungen als *Stressoren* (*S*) (z. B. Konflikte, »daily hazzles« wie Zeitnot, zu viele Anforderungen auf einmal)
- Als intervenierende Variable die Person selbst, hier bezeichnet als *Organismus* (*O*)
- *Reaktionen als Streßreaktionen* (*R*) auf vier Verhaltensebenen:
  - subjektiv-kognitiv (z. B. Konzentrationsstörungen)
  - emotional (z. B. Angst, Wut)
  - autonom-vegetativ (z. B. Herzklopfen, feuchte Hände)
  - muskulär (z. B. Verspannungen, Zähneknirschen)
  - sowie (willkürliche) komplexe Verhaltensweisen (z. B. Rückzug, Angriff)
- und langfristige Konsequenzen/Schädigungen (*K*) (z. B. Ge-

reiztheit, Herz-Kreislauf-Störungen, Magen-Darm-Störungen, Schlafstörungen, Leistungsschwäche)

- Die Transaktion zwischen Person (*O*) und Umwelt (*S*) wird durch *Bewertungen* (appraisal) beeinflußt (Lazarus, Laumier). Die (primären, sekundären, tertiären) Bewertungsprozesse führen dazu, daß Streß individuell betrachtet werden muß.

Ablauf

Nach Vermittlung von Grundwissen erfolgt die individuelle Streßanalyse nach dem S-O-R-K-Schema.

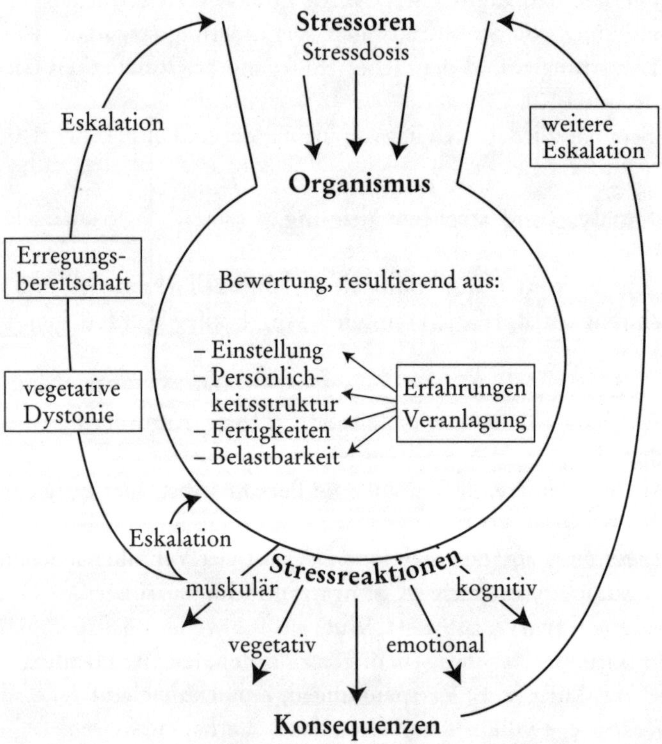

S-O-R-(K)-Modell zur Streßanalyse und -bewältigung

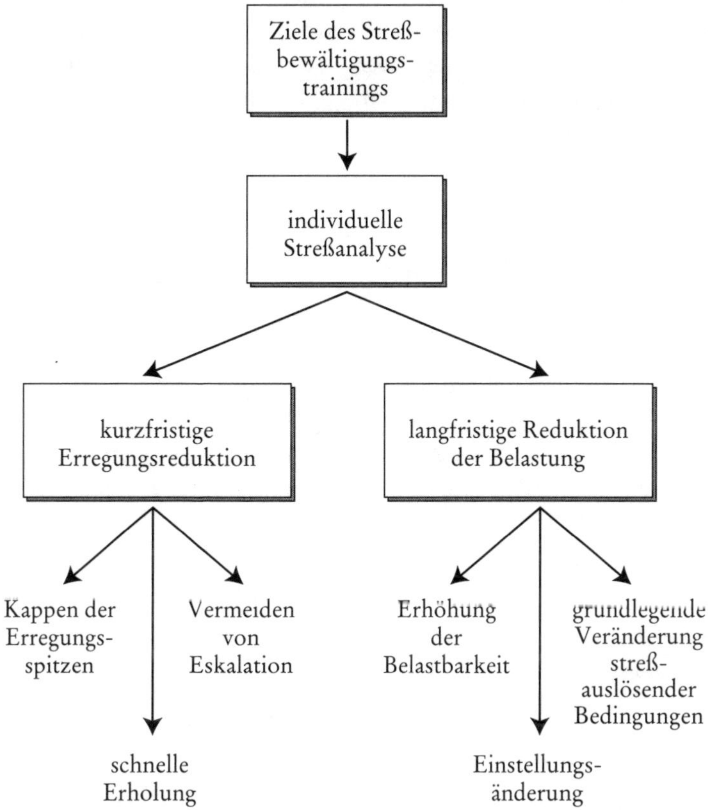

Ziele des Streßbewältigungstrainings

Vom ersten Tag an werden Entspannungsübungen (obwohl Ansatzpunkt O, auf den sich nur langfristige Techniken beziehen) trainiert, um einen hohen Übungseffekt und damit bessere Transfermöglichkeiten (auch als Grundlage für weitere Entspannungstechniken) sowie eine entspannte, erholsame Atmosphäre zu schaffen. Diese Vorgehensweise fördert zusätzlich Reflexion und Offenheit der Tn/Kl.

Anhand des S-O-R-Schemas (ohne K) werden Ansatzmöglichkeiten zur Streßbewältigung diskutiert:

Die Copings der Tn/Kl werden frühzeitig gesammelt, um die tatsächlich vorhandenen Kompetenzen und Defizite unbeeinflußt von im Seminar vermitteltem Streßwissen zu erfassen.
Der nächste Schritt ist Training der kurzfristigen Streßbewältigungstechniken, weil sie schnell und relativ einfach Reduktion der Streßbelastung herbeiführen.
Zuletzt werden, je nach zur Verfügung stehender Zeit und Zielgruppe, einige oder alle langfristigen Techniken vermittelt, da diese im allgemeinen deutlich komplizierter sind und tiefer gehen.
Ein wichtiger Punkt ist außerdem eine in das Training integrierte Transferplanung.

Zum Aufbau des Buches:

Um Tr/Th die Anwendung zu erleichtern, ist das Buch so aufgebaut, daß jeder Unterpunkt der einzelnen Kapitel 2–7 eine zusätzliche Untergliederung enthält in:

- Hintergrundinformationen
- Lernziele
- Ablauf mit
  - Hinweisen für Tr/Th
  - Arbeitsblätter Tr/Th (bei Bedarf)
  - Informationen für Tn/Kl,
    z. T. als Vorschlag zur Formulierung für Tn/Th
  - wörtlichen Anweisungen (bei Bedarf)
  - Arbeits- und Informationsblätter für Tn/Kl (bei Bedarf).

Dementsprechend ändern sich auch jeweils Sprachstil und Anspruchsniveau der Ausführungen. Beispielsweise werden Vorschläge für Informationen an Tn/Kl wörtlich ausformuliert.

2. Einstieg in das Verhaltenstraining

2.1 Hintergrundinformationen

Bereits beim Start in das Verhaltenstraining werden wesentliche Akzente bezüglich Tr/Th-Stil, Umgang der Tn/Kl miteinander und Herangehensweise an das Thema Streß gesetzt. Transparenz (roter Faden) und freundlich-direktiv-strukturierendes Verhalten auf der einen Seite und die Durchführung einer kleinen Übung (Ankommübung) sowie die erste Möglichkeit, eigenen Streß zu reflektieren auf der anderen Seite, bewähren sich zum Angstabbau und zur Steuerung der Erwartung seitens der Tn/Kl.

2.2 Lernziele

Die Tn/Kl

- stellen sich auf Tr/Th ein
- schalten um, werden ruhig und konzentrieren sich auf das Seminar
- gewöhnen sich an die Stimme von Tr/Th
- reflektieren über den Tag der Anreise/ evtl. ihren Lebensstil
- lernen Tr/Th und andere Tn/Kl kennen und sehen, daß alle streßbelastet sind (Erleichterung)
- reflektieren ihren eigenen Streß
- kennen die Erwartungen und Befürchtungen der Gruppe
- wissen, was schwerpunktmäßig bearbeitet wird
- erkennen die Vorgehensweise im Kurs und »unterschreiben« gemeinsam die Gruppenregeln
- sind auf ein übungsintensives Seminar eingestellt.

2.3 Ablauf

Zur Eröffnung des Seminars stellt sich Tr/Th den Tn/Kl vor und berichtet über ihre/seine Qualifikation und über Erfahrungen als Tr/Th zum Thema. Wenn genügend Zeit zur Verfügung steht, empfiehlt es sich, bereits beim 1. Treffen/ am 1. Halbtag im Plenum auf Stühlen eine Ankommübung mit ruhiger Stimme zu instruieren.

Ankommübung

Dazu werden die Tn/Kl aufgefordert, es sich auf den Stühlen bequem zu machen und in Gedanken den (Ankunfts-)Tag Revue passieren zu lassen. Die Übung wird ruhig und langsam gesprochen. Nach der Übung können die Tn/Kl, die dazu Lust verspüren, sich zu ihren Erlebnissen und Wahrnehmungen äußern.

Anleitung

(auf die jeweilige Situation bezogen variieren!)

Schließen Sie die Augen. Setzen Sie sich bequem hin. Rücken Sie sich zurecht, bis Sie eine angenehme Position gefunden haben. Lassen Sie Ihre Muskeln locker fallen und entspannen Sie sich.
Gehen Sie nun in Gedanken zurück zum heutigen Morgen.
Wann sind Sie aufgewacht?
Wie fühlen Sie sich beim Aufwachen?
Sind Sie ruhig oder gestreßt?
Was nehmen Sie wahr?
Sie stehen auf. Was tun Sie als nächstes?
Vergegenwärtigen Sie sich alle einzelnen Schritte ..., Ihre Empfindungen ..., Ihre Gedanken.
Nun verlassen Sie Ihre Wohnung, Haus. Erleben Sie, wie die Türe ins Schloß fällt ...
Wie fühlen Sie sich?
Sind Sie ruhig oder gestreßt?
Was nehmen Sie wahr?

Sie begeben sich auf Ihrem Weg hierher, im Auto – mit öffentlichen Verkehrsmitteln – zu Fuß?
Wie fühlen Sie sich?
Sind Sie ruhig oder gestreßt?
Was sehen Sie um sich herum?
Was hören Sie?
Was riechen Sie?
Nun kommen Sie hier im Hause an ...
Wie fühlen Sie sich?
Sind Sie ruhig oder gestreßt?
Was nehmen Sie wahr?
Sie betreten den Raum. Vielleicht sehen Sie andere Tn/Kl.
Wie fühlen Sie sich?
Sind Sie ruhig oder gestreßt?
Was sehen Sie um sich herum?
Was hören Sie?
Was riechen Sie?
Sie sind angekommen.
Entspannen Sie sich noch ein wenig.
Räkeln Sie sich nun und öffnen Sie die Augen.

Vorstellungsrunde Tn/Kl

Tn/Kl stellen sich kurz vor und erzählen möglicherweise bereits jetzt eine kleine, persönliche Streßgeschichte »Ich und Streß«.
Tr/Th kann daraus Beispiele für die spätere Streßanalyse bzw. -definition notieren und den Tn/Kl zur späteren Identifizierung vorlesen, z. B. *Streß* (Abbildung nächste Seite).
Wenn die Beispiele zu klischeehaft sind, sollte Tr/Th nachfragen und die persönliche Bewertung der Tn/Kl (als Vorbereitung auf Einstellungsänderung) erarbeiten.

Stressoren ↓	• Kritik von Vorgesetzten • Probleme mit Kollegen • Schulden • Prüfung • Störungen • Wartezeiten • Verkehrsstau	• Zeitdruck • Nachtdienst • Hausaufgaben der Kinder • Lärm • Probleme in der Familie • schlechtes Wetter
Organismus (Person) ↓	• selbst erzeugter Streß • unerfüllbare Wünsche und Erwartungen • hohe Ansprüche • Ehrgeiz • Perfektionismus	
Reaktion ↓	• Ärger • Wut • Schweißausbruch • Angst	• Schwierigkeiten »abzuschalten« • Herzklopfen • Schreck
Konsequenzen (langfristige Reaktion)	• Fehler • Gastritis • Schlafstörungen • Hörsturz	• Konzentrationsstörungen • ungesunder Lebensstil

Erwartungscheck

Tn/Kl werden aufgefordert, ihre Erwartungen zu nennen und auf einer Karte zu notieren, z. B. indem sie den Satz »Dieses Seminar wäre ein Gewinn für mich, wenn …« beenden. Pro Erwartung sollten Tn/Kl je eine Extrakarte verwenden. Dann werden die einzelnen Erwartungen, z. B. der Metaplanmethode, entsprechend in Erwartungsfelder/-wolken geordnet. Erwartungen, die im Seminar sicher nicht erfüllt werden können, nimmt Tr/Th ab und begründet, warum diese Erwartung nicht realisiert werden kann (z. B. »… wenn ich nie mehr Streß haben werde.«)

Transparenz

Anschließend kann Tr/Th eine Kurzübersicht über Inhalt, Methoden und Vorgehensweise des Kurses geben, um gleich zu Beginn Transparenz für die Tn/Kl zu schaffen.

Offenheit und Praxisbezug

Dann wird Tn/Kl vermittelt, daß sie selbst bestimmen können, wie offen sie während des Kurses über sich selbst, ihre persönlichen Probleme, ihre Streßbelastungen und ihren Umgang mit Streß sprechen wollen. Außerdem ist es ihnen selbst überlassen, wie tief sie in ihrer persönlichen Streßanalyse gehen wollen. Streßanalyse Ein höherer Grad an Offenheit ermöglicht allerdings eine intensivere Arbeit und wirkungsvolleres Erlernen von Möglichkeiten der Streßbewältigung.
Ein individueller Praxisbezug der Trainingsmaßnahmen kann nur durch »echte« Beispiele der Tn/Kl erfolgen. Vorgefertigte Fallbeispiele von Tr/Th können zwar die jeweiligen Inhalte erläutern, sie bieten aber für Tn/Kl nur wenig Transfermöglichkeiten in den eigenen Handlungsbereich.
Die persönliche Sichtweise aller Tn/Kl zu Streßproblemen und zur Streßbewältigung ist von Bedeutung. Situationen werden individuell unterschiedlich erlebt und bewertet; daher gibt es zunächst kein »falsches« Streßerleben, das von anderen Personen im Kurs abgewertet oder nicht ernst genommen werden sollte.

Gruppenregeln

Bereits beim 1. Treffen sollten auch Gruppenregeln (freundlich-direktiv) festgelegt werden, um die beabsichtigte Vorgehensweise transparent zu machen. Am wichtigsten sind:

1. Regelmäßige, pünktliche Teilnahme
2. Schweigepflicht bezüglich aller persönlichen Informationen
3. Hausaufgaben sind Transferübungen und deshalb natürliche Konsequenz der Treffen. Sie werden von den Tn/Kl selbst festgelegt.

4. Gegenseitige Unterstützung, d. h.
   - Kommunikationsregeln, wie nicht unterbrechen, zuhören usw. werden eingehalten.
   - Jeder stellt sich bei Übungen/Handlungsproben als Partner zur Verfügung, wenn er dazu aufgefordert wird.
   - Feedback wird konstruktiv formuliert (hier auf Lerngesetze hinweisen): Positives Verhalten wird rückgemeldet, »Fehler« werden weitgehend »gelöscht« bzw. Verbesserungsvorschläge formuliert. Nebeneffekt ist dabei, daß die Beobachter Wahrnehmungslenkung und positive Umstrukturierung als Streßbewältigungstechniken üben.
5. Sitzordnung ist der offene Kreis. Handlungsproben finden stets in der Kreismitte statt. Dadurch ist die Übung für die übrigen Kursteilnehmer am besten zu beobachten. Außerdem ist es für die Übenden einfacher, sich in die Übungssituation zu versetzen, wenn sie bewußt ihren normalen Sitzplatz verlassen.

Konstruktives Feedback

Anschauliche Beispiele für konstruktives Feedback und welche Effekte es hat, können je nach Tn/Kl-Gruppe aus den Bereichen Sport, Kindererziehung usw. verwendet und etwa so vermittelt werden:

Informationen für Tn/Kl

»Vor einigen Jahren beschloß ich nach langer Zeit nur sehr sporadischen und entsprechend ineffektiven Tennisspielens zielorientiert vorzugehen und Tennisunterricht zu nehmen. Der erste Trainer schüttelte mir markig die Hand und fragte: ›Na, wo hapert's denn?‹ Dann spielte er in die Ecken des Spielfeldes scharfe Bälle und erzählte auf der Gegenseite: ›Tennis ist ein Bewegungssport.‹ Nach einiger Zeit brach er das ›Spiel‹ mit einem Stöhnen und der Bemerkung ab ›Das ist ja furchtbar‹. Daraufhin erklärte er mir, daß ich mit dem Schläger hektisch herumfuchtele wie mit einem Kochlöffel im Topf, aushole wie anno dazumal und den Ball nicht anschaue und wie ein hektisches Huhn über das Feld hüpfe. Zur Verdeutlichung führte er mir meine sinnlosen Bewegungen vor. So gestärkt, ging die Lektion in der Praxis weiter. Bei jedem Ball rief er nun, wenn ich starten wollte »nicht fuchteln, nicht ...‹ usw. Wen wundert es, daß ich nach einer weiteren Stunde, in der ich kaum einen Ball getroffen hatte, abbrach. Nach kurzer Überlegung, ob ich diese Sportart wohl besser aufgeben sollte, da ich offensichtlich völlig unbegabt sei oder mich vielleicht an meinem Trainer tätlich rächen sollte oder doch noch einen Versuch mit einem neuen Trainer starten sollte, entschied ich mich für die dritte Lösung.

Dieser Lehrer arbeitete mit der Methode des Innercoaching. Er begrüßte mich freundlich, fragte, was ich denn lernen wolle und beruhigte mich, als ich ihm mitteilte, ich würde überhaupt keinen Ball mehr treffen. Dann servierte er mir ganz sanft eine Serie Bälle, sagte, es sei völlig egal, wo ich hinspiele, ich solle nur kurz ausholen und den Ball spielen. Laufen sei vorerst völlig unwichtig. Nach dem 15ten (!) getroffenen Ball spielte er etwas schärfer und holte mich dann ans Netz. ›Also‹, meinte er ›du reagierst ja blitzschnell, bist sehr aufmerksam und kannst ganz schön schnell rennen.‹ Ich war sehr stolz auf mich. ›Damit du den Ball besser anschaust und so sicherer triffst, machen wir jetzt eine kleine Übung. Immer wenn der Ball am Boden aufspringt, sagst du laut HOP, und immer wenn du ihn mit dem Schläger triffst, HIT und atmest dabei aus.‹ Die Übung funktionierte wunderbar, und im Laufe der Zeit wurde ›HOP und HIT‹ systematisch ausgebaut, z. B. sollte beim ›T‹ von HIT die rechte Hand auf der linken Schulter ankommen. Seither spiele ich sehr gerne Tennis, und das viel besser als früher.

Was hat der zweite Trainer getan? Er hat mir nicht gesagt, was ich falsch mache, d. h. er hat mir kein *destruktives* Feedback gegeben. Er hat z. B. nicht erwähnt, daß ich den Atem beim Schlagen anhalte und dabei völlig verspannt bin usw. Er hat meine falschen Verhaltensmuster gelöscht.

Statt dessen hat er mir *konstruktiv* gezeigt, wie ich mit meinem derzeitigem Können/Nichtkönnen meine Fertigkeiten ausbauen kann. Er hat meine Wahrnehmung auf kleine, für mich maßge-

schneiderte Schritte zur Problemlösung gelenkt (*konstruktives Feedback*) und er hat positives Verhalten gelobt (*positives Feedback*, Verstärkung).
Dieser Weg ist nicht nur angstfrei und macht mehr Spaß als Lernen über Ausmerzen und Ausdiskutieren von ›Fehlern‹, er ist auch nachgewiesenermaßen erheblich *effektiver*.«
Genauso werden wir im Kurs vorgehen. Wir werden den anderen Tn/Kl sagen, was wir für sie aus ihrem Verhalten konkret als effektiv erachten und was sie möglicherweise tun können, um ihre Technik weiter zu verbessern.

3. Streßtheorie

3.1 Hintergrundinformationen zur Streßtheorie

Hans Selye (1936) gilt als der erste Forscher, der die physiologischen Streßreaktionsprozesse systematisch beschrieb. Dazu gehören die Erhöhung der Pulsrate und des Blutdrucks, beschleunigte Atmung und Krankheiten wie Hochdruck, Herzkrankheit oder Ulcus.

Üblicherweise wird Streß als physiologische oder psychologische Reaktion des Individuums auf eine Anforderung definiert. Dabei wird zwischen den »Stressoren« als Auslöser von Verhaltensstörungen oder Krankheiten und den »Streßreaktionen«, bzw. dem »Belastet-Sein« oder »Sich-gestreßt-Fühlen« als Konsequenzen der Belastung unterschieden (Fletcher, 1991).

Seit Einführung des »Streß«-Begriffs entwickelte sich die interdisziplinäre Streßforschung zu einem kaum noch überschaubaren Feld.

Reaktionsorientierte Ansätze erklären Streß über Reaktionen des Individuums. Z. B. versteht Selye unter Streß eine unspezifische, nicht situationsbezogene Reaktion des Organismus auf jede Anforderung, die an ihn gestellt wird. Die Auslöser, also Situationen, sind in diesem Modell unbedeutend.

Persönlichkeitstheoretische Ansätze suchen nach intermittierenden Variablen, die interindividuelle Unterschiede in der Reiz-Reaktions-Abfolge erklären: z. B. das Typ-A-Konzept von Friedman & Rosenman (1974) und das Konzept des Kontrollverlustes von Rotter (1966) sowie das Persönlichkeitsmodell von Brengelmann (1993).

Kognitive Ansätze gehen davon aus, daß durch subjektive Widerspiegelung objektiver Bedingungen eine Situation durch das Individuum redefiniert wird.

Die physiologische Streßreaktion ist immer durch einen psychischen Zustand vermittelt, d. h. die von Selye konzipierte, direkte

Verknüpfung von physischem Stressor (z. B. Kälte, Hitze, Nahrungsmangel) und physiologischer Streßreaktion gibt es nicht (vgl. Frankenhaeuser, 1986, S. 195 ff.). Selyes Unspezifitätshypothese wird in der gegenwärtigen Streßforschung nicht mehr vertreten.

Streß ist zunächst ein Kampf- und Fluchtmechanismus (= Cannons emergency function theory), d. h. Streß disponiert zu körperlichem Kampf oder Flucht. Doch Streß versorgt nicht nur die Skelettmuskulatur verstärkt mit Energie, sondern auch das Gehirn; er disponiert somit auch zu gesteigerter geistiger Problemlösung. Ferner dient die Energieversorgung für die Skelettmuskulatur nicht nur möglichem Kampf und Fluchtverhalten, sondern auch expressivem kommunikativem Verhalten und stellt damit eine Bewältigungsmöglichkeit für soziale Stressoren bereit. Bei vielen in Gruppen lebenden Säugetierarten werden soziale Stressoren nicht nur durch Kampf und Flucht, sondern auch durch starke expressive Akte bewältigt. Aufgrund dieser vielfältigen Funktionen ist der Streßmechanismus auch in modernen Gesellschaften sinnvoll.

Nach dem *transaktionalen Ansatz* der Streßforschung (Lazarus, 1984) ist die Streßentstehung auf das Zusammenspiel zwischen situativen Anforderungen und der individuellen Beurteilung der eigenen Ressourcen und Fähigkeiten zurückzuführen. Die entscheidende Rolle kommt dabei den individuellen Bewertungsprozessen zu.

Der Mensch und nicht seine Lebenssituation entscheidet primär, wie er sich fühlt, betont auch Brengelmann (1986).

Die Studien von Lazarus (1984) machen deutlich, wie wichtig die individuelle Einschätzung der Situation und der eigenen Bewältigungsmöglichkeiten für die Entstehung von Streß sind. Je nachdem, wie das Individuum die eigenen Möglichkeiten wahrnimmt, sowohl die gegebenen (»äußeren«) als die eigenen (»inneren«) Anforderungen zu erfüllen, wirkt sich maßgeblich auf das Streßgeschehen aus.

Danach entsteht eine Streßreaktion dann, wenn eine bestimmte situative Anforderung auf dem Hintergrund lebensgeschichtlich erworbener Personenmerkmale als aversiv bewertet wird, also zum Stressor definiert wird, und die jeweilige Person die ihr zur Verfü-

gung stehenden Bewältigungsmöglichkeiten als zu gering bzw. ineffizient erachtet. Das sind Bewältigungsversuche, die sich auf eine Dämpfung der Streßreaktion (palliative Funktion) oder auf eine Aufhebung der streßbezogenen Transaktion durch Veränderung von Stressor- und/oder Personenmerkmalen (instrumentelle Funktion) beziehen.
Sind die Bewältigungsversuche erfolgreich, ist der Streß zunächst beseitigt. Wenn nicht, hält die Streßreaktion an und führt möglicherweise zu schädlichen chronischen Folgen in Form von körperlichen und psychischen Störungen, die dann ihrerseits als zukünftige potentielle Stressoren wirken können.
Der Erfolg der Bewältigungsbemühungen wird zurückgemeldet und führt zu Neubewertungen, d. h. einer Änderung der ursprünglichen primären und sekundären Bewertung.
In diesem Zusammenhang wird Streß als eine Störung des Gleichgewichts empfunden zwischen den Anforderungen an die Person und deren subjektiven Möglichkeiten, mit diesen Anforderungen umzugehen.

Streß als Faktor für die Entstehung von Krankheiten

Viele Hinweise und empirische Belege sprechen dafür, daß das Streßerleben und der persönliche Umgang mit Belastungen eine wesentliche Rolle bei der Krankheitsentstehung spielen.
Es muß derzeit davon ausgegangen werden, daß Streß ein Auslöser für Herzinfarkt, bzw. Herz-Kreislauf-Erkrankungen ist bzw. das Risiko deutlich erhöht. Belastende und streßintensive Lebensphasen gehen oft voraus, wenn es zu psychischen und psychosomatischen sowie anderen körperlichen Krankheiten kommt. Streß und ungünstige Bewältigungsmaßnahmen haben nachweisbar Auswirkungen auf körperlich-seelische Vorgänge, z. B. auf das Immun- oder das vegetative System. Es ist unbestritten, daß Streß das psychische Wohlbefinden des Menschen negativ beeinflußt.

Im einzelnen:
Wesentliche Risikofaktoren für die Entstehung von Krankheiten wie beispielsweise Magen- oder Zwölffingerdarmgeschwüre, Herz-

Kreislauf-Beschwerden sowie psychosomatische und andere psychiatrische Erkrankungen werden in belastenden Lebensereignissen, mangelnder sozialer Unterstützung sowie in gewissen, eng mit Streß zusammenhängenden Persönlichkeitsmerkmalen (z. B. Ängstlichkeit, Depressivität) gesehen.

Seit geraumer Zeit werden auch die kleinen, alltäglichen Belastungen, die sog. »daily hazzles« in der Forschung berücksichtigt. So zeigen etwa De Longis et al. (1982), daß das Ausmaß ständig wiederkehrender Alltagsbelastungen die Krankheitsanfälligkeit noch besser vorhersagt als größere kritische Lebensereignisse. Dabei wird sowohl eine direkte Wirkung von Streß zum einen über zentral-nervöse und hormonelle Prozesse angenommen, zum anderen auch eine indirekte Wirkung durch vermehrt auftretende gesundheitsschädliche Verhaltensweisen (wie z. B. Rauchen oder verstärkter Alkoholgenuß).

Studien demonstrieren den engen Zusammenhang zwischen kritischen Lebensereignissen, Alltagsbelastungen und ineffektiven Streßbewältigungsstrategien (vgl. Siegrist, 1980, 1984). In bezug auf Strategien zur Streßbewältigung zeigt sich, daß ungünstige Einstellungen und andere wenig geeignete Bewältigungsmethoden mit psychischen und physischen Krankheitsindikatoren korrelieren.

Streß ist dabei offensichtlich nicht allein Ursache für die Krankheitsentstehung, vielmehr muß eine multifaktiorielle Pathogenese angenommen werden. Der Anteil, den belastende Lebensereignisse oder subjektiv als streßerzeugend empfundene Arbeits- und Lebensbedingungen bei der Krankheitsentwicklung haben, läßt sich nur schwer gegenüber dem Einfluß anderer Risikofaktoren (wie z. B. Ernährung, Tabak- und Alkoholkonsum) abgrenzen. Außerdem erhöhen auch Umwelt- und Arbeitsverhältnisse (z. B. Betriebsklima) die Erkrankungswahrscheinlichkeit (Theorell 1991)

Besonders Personen, die Verhaltens- und Einstellungsmerkmale aufweisen, die sich durch ein starkes Kontrollbedürfnis auszeichnen, sind unter bestimmten Bedingungen (z. B. unbeeinflußbare Situation) herzinfarktgefährdet (vgl. Siegrist, 1984). Tatsächlich erkranken vermehrt Personen mit starkem Kontrollbedürfnis, sie haben jedoch dann eine höhere Wahrscheinlichkeit, den Herzinfarkt zu überleben als Personen ohne erhöhtes Kontrollbedürfnis (vgl. Siegrist, 1980).

Weitere psychosoziale Einflußfaktoren für eine Herzinfarktgefährdung sind typische Strategien im Umgang mit Belastungssituationen, beispielsweise eine stark von Ärger, der auch häufig nicht ausgedrückt wird, geprägte Streßreaktion (vgl. Eysenck und Grossarth-Maticek, 1991). Die Autoren nehmen bei Krebserkrangungen ebenfalls Einflüsse bestimmter Verhaltensmerkmale an. Nach den vorliegenden Untersuchungen ist hier eher ein Personenkreis mit einer Tendenz zu starker emotionaler Abhängigkeit und einer mit depressiven Reaktionen einhergehenden Streßreaktion gefährdet.

Ungünstige Bewältigungsstrategien im Krankheitsfall führen zu einer längeren Genesungsdauer. Hier fungiert die Krankheit selbst als Stressor. So konnten Patienten, die ihrer Krankheit gegenüber eher eine positive (aktive) Haltung einnahmen und davon überzeugt waren, durch das eigene Verhalten das körperlich-seelische Wohlbefinden beeinflussen zu können (und sich weniger die Frage nach dem »Warum« stellten), nachweislich früher und bei besserem Gesundheitszustand die Klinik verlassen als Personen ohne diese Überzeugung.

3.2 Lernziele

Die Tn/Kl

- kennen die Bedeutung von Streß früher und heute
- wissen, daß Streß individuell ist
- erkennen Eigenverantwortung für persönlichen Streß und Streßbewältigung
- kennen eine vorläufige Streßdefinition
- kennen das S-O-R-K-Schema
- können analysieren, was Streß im Alltag bedeutet
- wissen um die Bedeutung von Wechselwirkungsprozessen von Auslösern und persönlicher Bewertung.
- kennen typische Streßkreisläufe
- wissen, welche Konsequenzen Streß haben kann.

3.3 Ablauf

Bereits bei der Vorstellungsrunde nannten die Tn/Kl erste Belastungsfaktoren. Nach der gemeinsamen Erarbeitung und/oder Kurzinput (z. B. durch Folie, Filme etc.) von Tr/Th wird das S-O-R-K-Schema erarbeitet. Hervorgehoben wird die Aussage: »Streß ist individuell, die Bewertung entscheidet.« Wichtig ist auch die Verdeutlichung, wie im Streß Körper und Psyche zusammenwirken und welche (psycho)somatischen Störungen entstehen können: Verstehen ermöglicht Selbstverantwortung.
Zunächst werden die Tn/Kl über Streß, seinen Stellenwert in unserem Leben, unserer Gesellschaft und die gesundheitlichen Folgen im allgemeinen informiert. An dieser Stelle möglicherweise nur kurz, da sich bei der Streßanalyse nochmals Gelegenheit dazu ergibt und zwar detailliert auf das S-O-R-K-Modell bezogen.
Im nächsten Schritt ist es sinnvoll, eine vorläufige Streßdefinition zu erarbeiten.

Streßdefinition

Die detaillierte Definition wird im Verlauf des Kurses auf dem Flipchart ergänzt. Jetzt werden eventuell nur, um Tn/Kl nicht kognitiv zu überfrachten, die im folgendem fett gedruckten Begriffe auf einem Flipchart notiert und Platz für die Ergänzungen gelassen, die in Folge erarbeitet werden. Endergebnis: siehe Schema nächste Seite.
Wichtig ist das Ergebnis: *Streß = individuell*, das heißt, die persönliche Bewertung entscheidet, welcher Art die Anforderungen sind und welche persönlichen Reaktionskapazitäten vorhanden sind (transaktionales Modell nach Lazarus). Hier kann Tr/Th bereits humorvoll-provokativ hinterfragen, um Einstellungen der Tn/Kl bewußtzumachen. Wenn Streß individuell ist, bedeutet das auch Eigenverantwortung zu übernehmen und das kann unbequem sein. Einige Tn/Kl könnten daher dazu tendieren, Diskussionen über »unsere Gesellschaft« etc. zu initiieren. Hier nicht diskutieren, sondern bestätigen und dann behutsam (oder humorvoll-provokativ) die persönliche Bedeutung/ Bewertung nachfragen.

Streß ist

- R eine unwillkürliche **Reaktion (R)** auf vier Verhaltensebenen
- O des **Organismus (O)**, mit seiner individuellen Bewertung, resultierend aus der Einstellung, den subjektiv eingeschätzten Fertigkeiten und der aktuellen Belastbarkeit auf
- S **Stressoren (S)**, d. h. auf alle Anforderungen, die das Wohlergehen möglicherweise beeinträchtigen.
- K mit langfristigen Reaktionen, **Konsequenzen (K)** aus diesen Verhaltensebenen bei Dauerbelastung

Nach der Vermittlung von Grundwissen über den biologischen Sinn des Streßmechanismus erfolgen jeweils:
- Wissensvermittlung
- persönliche Analyse
- Bewältigungsmöglichkeiten

zunächst bezogen auf Stressoren (S), dann Organismus (O) mit Bewertung und Belastbarkeit und danach Streßreaktionen (R) und Konsequenzen (K).

Information für Tn/Kl

Streß wird häufig die Krankheit der Gegenwart genannt. Jeder kennt Situationen, in denen man sich beruflich oder privat überfordert fühlt, überlastet, gereizt, hektisch oder nervös ist. Man ärgert sich, ist wütend oder fühlt sich ohnmächtig und niedergeschlagen. Alle sind mehr oder minder Betroffene: Wir sprechen von Arbeits-, Freizeit-, Schul-, Familien-, Verkehrs-, Behörden-, Prüfungsstreß, es gibt kaum einen Lebensbereich, der nicht mit dem Begriff »Streß« in Zusammenhang gebracht wird.
Streß ist untrennbar mit Leben verbunden, fördert die Leistungsfähigkeit, aber zuviel Streß kann krank machen. Zahlreiche Statistiken zeigen, daß die ursprünglichen biologischen Abwehrkräfte oft nicht mehr ausreichen oder manchmal sogar ungeeignet sind, den Organismus vor Dauerschäden zu bewahren. Die sogenann-

ten »Zivilisationskrankheiten«, vor allem Herz-Kreislauf- und Krebserkrankungen kosten jährlich viele Hunderttausende von Menschen das Leben und verursachen erhebliche Kosten. Es handelt sich dabei vorwiegend um chronische Erkrankungen, die nicht allein durch biologische, sondern auch in wesentlichen Teilen durch soziale und persönlichkeitsspezifische Faktoren und durch ungünstige Formen der Lebensführung entstehen und aufrechterhalten werden.

Dauerstreß verursacht nicht nur zahlreiche Erkrankungen, auch indirekt kann er sich negativ auswirken: So verhalten sich viele Menschen in Belastungssituationen, wenn sie sich unter Druck fühlen, gesundheitsschädlich: Sie rauchen mehr, ernähren sich ungesund oder steigern ihren Alkoholkonsum. Zudem steigt das Unfallrisiko, die Leistungsfähigkeit nimmt ab, es werden mehr Fehler gemacht, und man fühlt sich häufig unwohl.

Streß wird oft als von außen kommend angesehen, und der einzelne fühlt sich den Belastungen hilflos ausgeliefert. Wie man mit Belastung angemessen umgeht, kann man lernen. In den letzten Jahren ist eine Reihe sehr wirksamer verhaltenstherapeutisch orientierter Streßbewältigungsprogramme entwickelt worden, deren Effektivität in vielen Untersuchungen bei einer Fülle von psychischen und somatischen Erkrankungen bestätigt wurde, z. B. bei Angststörungen, essentieller Hypertonie (Bluthochdruck), Spannungskopfschmerzen, Schlafstörungen, Magen-Darm-Problemen oder chronischen Schmerzen. Vorbeugen ist auch hier besser als heilen.

Sinnvollerweise sollte Streßbewältigung nicht erst dann gelernt werden, wenn sich eine Störung schon eingestellt hat, sondern der richtige Umgang mit Belastung sollte vorbeugend praktiziert werden. Um so gesünder man zu Beginn der Streßbewältigung ist, desto einfacher und effektiver sind die Bewältigungsmaßnahmen zu erlernen, so daß sie bald wie selbstverständlich angewendet werden können.

Wir behandeln unseren Körper bisweilen wie einen klapprigen alten Gaul, den wir ohne Rücksicht auf steile Berge jagen, ihm die Sporen geben und ihn antreiben – bis er zusammenbricht. Doch wir *sind* unser Körper: In dieser Metapher sind wir tatsächlich

Zentauren: Wir treiben *uns* an, quälen *uns*, bis wir zusammenbrechen. Diese ganzheitliche Betrachtung ist vielen von uns abhanden gekommen.
Typische Streßverläufe sind:

1.

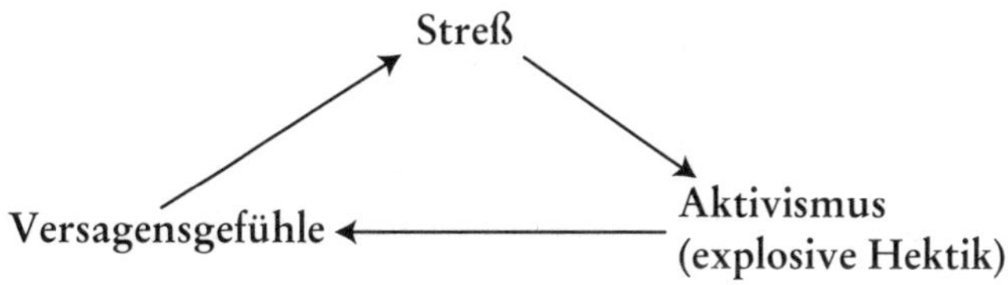

Mark Twain beschreibt das auf seine Weise:

»Wenn wir schon kein Ziel haben, sollten wir uns wenigstens beeilen.«

2.

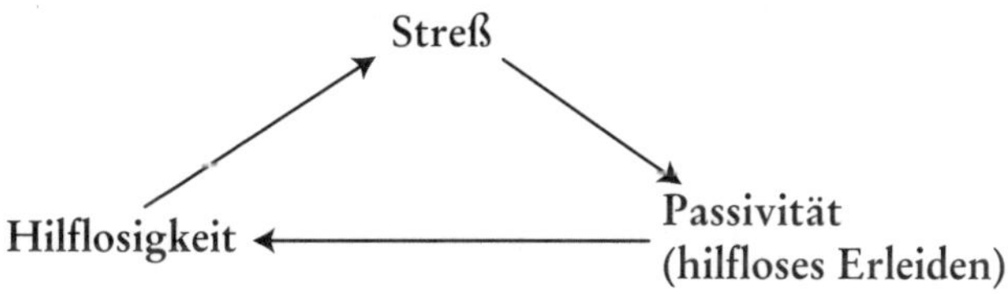

Kinderreim:
»Ich bin ein kleines Pinkerl und steh'
in meinem Winkerl,
und weil ich nichts kann
fang' ich nichts an.«

Streß ist ein uraltes Programm unserer Gene. Wir verhalten uns heute noch ähnlich wie unsere Vorfahren und viele andere Säugetiere. Sinn der Streßreaktion ist ursprünglich die *Lebenserhaltung* durch einen reflexhaften Angriffs- und Fluchtmechanismus. Wenn Gefahr droht, kommt es zu einer immensen Kraftentfaltung und -bereitstellung: Die Nebennieren schießen Adrenalin ins Blut. Dadurch werden Energien in Muskeln und Gehirn freigesetzt, es erfolgt eine blitzartige Mobilmachung aller Körperreserven. Puls, Blutdruck und Atemfrequenz steigen, der Magen-Darm-Bereich stellt die Verdauungsarbeit ein, aus den Blutreserveräumen werden sofort rote Blutkörperchen zum Einsatz geschickt, die eine Sauerstoffaufnahme und Kohlendioxydabgabe erleichtern sollen; die Blutgerinnung nimmt zu.

Innerhalb kürzester Zeit ist der Mensch *kampf-* oder *fluchtbereit*. Man spricht von der *Alarmreaktion* des Körpers, die auf jede Art möglicher Gefährdung des Wohlergehens automatisch erfolgt. Diese Aktivierung ist eine Bereitstellung von Energie. Erst im 2. Schritt erfolgt dann die spezifische Streßreaktion: Man löst eine schwierige Denkaufgabe, bremst bei einem plötzlichen Hindernis das Auto, verbirgt seinen Ärger vor einem wichtigen Gesprächspartner etc.

Streß ist ein lebenswichtiger Vorgang und ein ganz natürlicher Verteidigungsmechanismus.

Der Streßablauf im ursprünglichen Sinn wird in etwa so geschildert:

Ein Urzeit-Jäger sitzt am Waldrand und ruht sich aus. Plötzlich knackt es hinter ihm. Was passiert?

1. Orientierung — Das Ohr leitet den Reiz (knacken) ans Gehirn. Der Jäger dreht den Kopf, um zu sehen woher das Geräusch kommt. Er sieht einen Säbelzahntiger auf sich zukommen.

2. Aktivierung — Blitzschnell wird im Gehirn entschieden, ob der Reiz lebenswichtig und bedrohlich ist, wenn ja, erfolgt die *Alarmreaktion*, die den Jäger optimal auf Angriff oder Flucht vorbereitet. Seine Wahrnehmung engt sich möglicherweise auf streßrelevante Reize ein, er sieht z. B. einen Stock, den er als Waffe verwenden kann oder das dichte Gebüsch, in das er fliehen kann, nicht aber die im Hintergrund blühenden Blumen. Sein vegetatives Nervensystem arbeitet auf höchster Stufe. Seine Muskeln sind angespannt, um ihn

+

optimal für Angriff oder Flucht zu programmieren.

3. Anpassung Solange die Bedrohungssituation besteht, bleibt sein Organismus auf dem Sprung – optimal ausgerüstet für das kraftvolle Angreifen des Säbelzahntigers oder das sofortige und ausdauernde Fliehen, z. B. durch Wegrennen, auf Bäume klettern, zur Seite springen. All das gelingt dem Urmenschen jetzt sehr viel besser als in Situationen.

4. Erholung Hat der Urmensch die Situation bewältigt (konnte er z. B. fliehen oder den Säbelzahntiger erlegen), hat er Gelegenheit, sich zu erholen.

---

5. Überforderung Gelingt ihm die Anpassungsleistung nicht (mehr) oder wird er aufs Neue gefordert, ohne sich ausreichend erholt zu haben, »schaltet« sein Körper auf Daueralarm – er reagiert so, als ob er ständig von Raubtieren umgeben wäre. Seine Leistungsfähigkeit läßt nach.

6. Erschöpfung Dauert dieser Zustand zu lange an, erschöpft sich der Widerstand, und er ist nicht mehr fähig, sich angemessen zu verhalten.

7. Tod Dieser Zustand kann zum Tode führen.

Den Streßablauf des modernen Menschen kann man ungefähr so beschreiben:

1. Orientierung ist häufig nicht ausreichend möglich, da zu viele Stressoren gleichzeitig wirksam sind: Natürlich haben wir es heute sehr selten mit direkt lebensbedrohlichen Stressoren wie Säbelzahntigern zu tun. Aber wir sind vielen Belastungen gleichzeitig ausgesetzt.

Dieser Daueralarm wird häufig auch durch unterschwellige Stressoren wie Lärm, Reizüberflutung oder durch psychische Situationen wie Frustration, Ärger und Angst ausgelöst.

Stellen wir uns nur einmal vor, man wacht morgens auf und stellt fest, daß man verschlafen hat, dann ist das schon ein kleiner Säbelzahntiger, mit dem man sich jetzt nicht auseinandersetzen kann. Man springt auf und rennt ins Bad. Vielleicht steigt man dabei auf einen spitzen Legostein, den das Kind liegengelassen hat. Das ist der nächste kleine Säbelzahntiger. Man verbrüht sich die Kehle am zu heißen Kaffee, weil man ihn in Eile runterschüttet, und auf dem Weg durchs Treppenhaus hält einen die Nachbarin auf, um mitzuteilen, daß man wohl vergessen habe, daß man mit der Treppenhausreinigung an der Reihe sei, im Auto fallen einem die Kontoauszüge ein, die derzeit nicht besonders gut aussehen usw. All das sind kleinere Stressoren, denen wir uns aber nicht ausreichend widmen können, weil wir zum Arbeitsplatz fahren müssen. Was machen wir mit diesen Stressoren?

Wir stecken alle diese kleinen »Säbelzahntiger« in einen Rucksack, und dort fauchen, beißen und kratzen sie. Wenn man nun an seinen Arbeitsplatz kommt, wünscht sich wahrscheinlich der Vorgesetzte, daß man diesen »Privatstreß-Rucksack« vor dem Arbeitszimmer abstellt, aber das funktioniert nicht: Man trägt ihn den ganzen Tag auf dem Rücken. Genau wie man den »Arbeitsstreß-Sack« mit nach Hause nimmt in die Familie.

2.+ 3. Aktivierung und Anpassung

Der heutige Mensch kann, im Gegensatz zum Tier und zum Urmenschen, oft weder fliehen noch kämpfen.

1. Wir können heutzutage nur noch wenige Streßsituationen, unserem biochemischen Alarmplan gemäß, mit Angriff oder Flucht bewältigen.

Wenn ein Auto auf uns zu rast, retten wir uns durch einen blitzschnellen Sprung auf den Bürgersteig – ohne erst nachzudenken, wie wir uns verhalten sollen *(Flucht)*.

Auch beim sportlichen Wettkampf, z. B. Rudern, Radfahren, Sprint, Kampfsport, kann die Streßenergie im ursprünglichen Sinn genutzt werden: Der Läufer, der im Nacken den immer näher kommenden Gegner spürt, wird durch die »Kraftspritze« Streß neu mit Energie versorgt und beflügelt – es sei denn, er ist bereits überfordert und hat resigniert.

Für solche und ähnliche Situationen sind wir also hervorragend gerüstet. Doch wie häufig geschehen derartige Ereignisse in unserem Alltag?

Wer kann schon unangenehme Erlebnisse im Berufsalltag durch fluchtartiges Verlassen des Arbeitsplatzes oder aggressives Angehen des Widersachers (die unerledigte Akte, der schlechtgelaunte Chef) lösen? Was nutzt uns hier die Kraft in der Faust?

2. Die bei der Alarmreaktion bereitgestellten Energien werden zudem meist nicht ausreichend abgeführt und können in der Folge zu körperlichen Schäden führen (z. B. Erhöhung des Cholesterinspiegels, Herz-Kreislauf-Störungen usw.).

4. Erholung Es ist leider nicht üblich, am Arbeitsplatz Erholungspausen einzulegen. In fernöstlichen Ländern ist das beispielsweise eine ganz normale Angelegenheit. Die Leistungsfähigkeit ist auf jeden Fall sehr viel besser, wenn man sich zwischendurch immer wieder kurz oder auch mal etwas länger erholt.

5. Überforderung Die freiwerdenden Energien richten sich aber, wenn sie nicht genutzt werden, oft gegen den eigenen Körper. Geht die Streßsituation schnell vorüber, fängt der Körper die Auswirkungen der Mobilmachung auf. Bei Daueralarm jedoch entsteht eine ständige Alarmbereitschaft.

6. Erschöpfung Diese führt bei zu hoher Intensität und/oder Dauer der Überforderung zu Erkrankungen, Fehlleistungen, Burnout etc.

7. Tod Streßbedingte Todesursachen sind heute in erster Linie Herz-Kreislauf-Versagen, aber auch Unfälle sowie vorzeitiger Tod durch ungesunde Lebensweise im Dauerstreß.

4. Individuelle Streßanalyse

4.1 Handlungsabläufe

4.1.2 Hintergrundinformationen

Wirksame Streßbewältigung erfordert zunächst eine Analyse des eigenen Verhaltens, auf das dann gezielt neue Handlungsmuster aufgebaut werden können. Deshalb wird zunächst die Fähigkeit zur individuellen Streßverhaltensanalyse trainiert. In persönlich relevanten Belastungssituationen wird das jeweilige Verhalten mit seinen Auslösern und Konsequenzen betrachtet.

4.1.3 Lernziele

Die Tn/Kl

- wissen, daß erfolgreiche Streßbewältigung eine präzise persönliche Streßanalyse erfordert
- können eigene Handlungsabläufe nach dem S-O-R-(K)-Schema grob skizzieren
- beobachten sich selbst
- wissen, daß weitere Selbstbeobachtung wichtig ist.

4.1.4 Ablauf

Tn/Kl werden darüber informiert, wie wichtig eine umfangreiche Streßanalyse als Grundlage zu gezielter persönlicher Streßbewältigung ist.

Die wichtigsten Schritte der Verhaltensanalyse sind:

1. Erkennen der Belastungssituationen

2. Auswahl einzelner Situationen zur genaueren Analyse
3. Erarbeiten konkreter Situationsbeschreibungen mit Informationen wie:
   - Ort, Zeit, Handlung
   - Häufigkeit, Konstanz bestimmter Elemente, Zusammenhang mit anderen Problemen
4. Beobachten und rechtzeitiges Erkennen von
   - Kognitionen und emotionalen Reaktionen
   - muskulären und vegetativen Reaktionen
5. Identifizieren von
   - Nachwirkungen der Belastung (Konsequenzen)

Tn/Kl erarbeiten eigene Streßbeispiele (S), erstellen individuelle Stressorenlisten (evtl. nach Priorität geordnet) und reflektieren ihre typischen Streßreaktionen (R) auf den Verhaltensebenen und eventuelle langfristige Streßfolgen (K). Die Tn/Kl werden ermuntert, sich selbst zu beobachten und weitere Stressoren sowie Reaktionen, aber auch Vermutungen über eigene Bewertungsmuster zu sammeln.

4.2 Persönliche Stressoren

4.2.1 Hintergrundinformationen

Die physiologische Streßreaktion ist immer durch einen psychischen Zustand vermittelt, d. h. die von Selye konzipierte, direkte Verknüpfung von physischem Stressor (z. B. Kälte, Hitze, Nahrungsmangel) und physiologischer Streßreaktion gibt es nicht (vgl. Frankenhaeuser, 1986, S. 195 ff.). Selyes Unspezifitätshypothese wird in der gegenwärtigen Streßforschung nicht mehr vertreten.

Drei grundlegende Arten von Stressoren und Streßreaktionen (Zuständen) lassen sich (in Anlehnung an Lazarus 1966, 1993 und Frankenhaeuser, 1986) unterscheiden:

Stressoren:

(a) Herausforderung
(b) Gefahr
(c) Schaden, Verlust

mit folgenden Streßreaktionen:

(a) positive Emotionen und starke Bewältigungsanstrengung
(b) negative Emotionen und starke bis übermäßige Bewältigungsanstrengung
(c) negative Emotionen und Verzicht auf Bewältigungsversuch (starke bis übermäßige Beanspruchung der Frustrationstoleranz)

Selbst Herausforderung als zunächst positiver Anreiz kann zur Gefahr werden. Personen, die sehr viele Situationen als Herausforderungen definieren und letztlich erleben, beispielsweise das Tennisspielen am Abend zunächst unter dem Gesichtspunkt des Gewinnenwollens, später dann des Gewinnenmüssens (Gefahr) oder des Verlierens (Schaden, Verlust). Es entsteht eine chronische Überforderungssituation und es entwickelt sich das Muster des »Immer-gewinnen-Müssens«. Auf diesem Wege kann diese Herausforderung langsam zur Schädigung führen.
Die meisten Forscher gehen davon aus, daß Belastung die Leistung bis zu einem gewissen Grad fördert, doch daß zusätzliche Belastung zum Leistungsabfall führt. Diese kurvilineare Funktion ist als die neuropsychologische Dimension der Aktivierung von Malmo (1959) bekannt geworden und wird als »umgekehrte U-Funktion« bezeichnet. Sie geht auf das Gesetz von Yerkes & Dodson (1908) zurück, wonach der Nutzeffekt einer Leistung eine kurvilineare Funktion der Belastung darstellt. Brengelmann (1967) weist auf die Existenz qualitativ unterschiedlicher Belastungsfunktionen hin, die von der Art der Persönlichkeit abhängen. Manche Personen produzieren neben der invertierten U-Funktion auch lineare und sogar aufrechte U-Funktionen. Wichtige Persönlichkeitsdimensionen wie Extraversion, Neurotizismus und Leistungsmotivation spielen hier eine besondere Rolle.

4.2.2 Lernziele

Die Tn/Kl

- erleben eventuell Streß im Seminar (z. B. durch Biofeedback-Demonstration)
- wissen, was Stressoren sind
- sind informiert über die möglichen Wirkungen von Stressoren
- kennen einige ihrer persönlichen Stressoren und Streßreaktionen
- setzen sich kritisch mit eigenen typischen Belastungsituationen auseinander
- wissen, in welchen Bereichen ihre Bewältigungsstrategien mangelhaft sind
- kennen Situationen, in denen neue Verhaltensstrategien im Kurs oder als Hausaufgabe eingeübt werden können
- können sich mit anderen kritisch darüber auseinandersetzen
- wissen, was die anderen Tn/Kl belastet
- wissen, woran sie die »richtige« Streßdosis erkennen können
- können Streß in der Interaktion analysieren
- wissen, woran sie Unter-/Überforderung erkennen können
- kennen den Zusammenhang Leistung – Streß

4.2.3 Ablauf

Bezugnehmend auf die bisher gesammelten Beispiele (z. B. beim S-O-R-K-Schema) wird das Thema Stressoren intensiver behandelt. Wenn vorhanden können zur spielerischen Demonstration Biofeedbackgeräte eingesetzt werden, indem man einzelne Tn/Kl mit Aufgaben (»Ich habe eine Aufgabe für Sie« etc.) oder unangenehmen Situationen (Ankündigung eines Nadelstichs) konfrontiert. Dadurch läßt sich zeigen, wie schnell Alltagsdinge als Stressoren bewertet werden.
Je nach Zielgruppe werden typische Stressoren kurz diskutiert (z. B. im Betrieb: Termindruck, Stellenabbau, Konkurrenzkampf).
Auch die Interaktion zwischen Personen in der gegenseitigen Wechselwirkung bzw. Streßaufschaukelung kann kritisch beleuchtet werden (z. B. in der Familie, am Arbeitsplatz).

Streßdosis

Wichtig ist auch die Streßdosis als entscheidender Faktor streßfördernder oder überfordernder Wirkung. Kriterien sind Häufigkeit, Vielfalt, Dauer und Aversivität.

Von Bedeutung ist auch der Zusammenhang Streß – Leistung/Streß – Wohlbefinden:

Da die Mehrzahl der Tn/Kl die besten Leistungen bei mittlerer Streßdosis zeigt, wird hierauf speziell eingegangen.

Mittlere Streßdosis bedeutet optimale Leistung und Wohlbefinden. Kriterien der Unter- und Überforderung werden diskutiert.

Informationen für Tn/Kl

Stressoren sind *innere und äußere Anforderungen.* Der Organismus teilt die auf ihn einwirkenden Reize in positive und negative ein. Alles, was vermutlich nützlich, angenehm, befriedigend ist, wird positiv gewertet; alles, was möglicherweise unangenehm, bedrohlich oder überfordernd ist, *negativ* als *Stressor*, das können auch durchaus positive Reize sein, die zu plötzlich, zu massiv oder zu intensiv auftreten oder mit denen man momentan nicht umgehen kann bzw. das zumindest glaubt.

Man bewertet Situationen als Herausforderung (z. B. eine interessante, aber schwierige Aufgabe), als Gefahr (eine Schädigung wird befürchtet, z. B. eine öffentliche Blamage) oder gar als Schädigung (der Schaden ist eingetreten, z. B. Verlust des Auftrages).

Wie sich in den letzten Jahren gezeigt hat, sind gerade die kleinen täglichen Ärgernisse für die Entstehung von Streßfolgeschäden besonders wichtig. Wer sich täglich am Arbeitsplatz mit Intrigen, Ärgernissen und schlechter Stimmung konfrontiert sieht oder sich in einer Dauerfehde mit dem Wohnungsnachbarn befindet, leidet unter chronischem Streß.

Da die Bewertung abhängig von den persönlichen Erfahrungen, der Konstitution und der Verfügbarkeit über Bewältigungsstrategien stark variiert, können ganz unterschiedliche Reize als Stressoren erlebt werden.

Streß ist individuell

Alle denkbaren Umweltsituationen, die vom Individuum als unangenehm und/oder bedrohlich erlebt werden, können Streßauslöser sein. Enttäuschungen, die Angst zu versagen, Überforderung, Unsicherheit in der Beurteilung der Situation sind meist besonders starke Stressoren.

Die Streßdosis wird bestimmt durch

- Häufigkeit, •Vielfalt, • Dauer,
- Intensität, mit der Stressoren auf den Organismus einwirken;
- und durch die individuelle Bewertung (Aversivität).

Streß fördert die Weiterentwicklung und spornt zu Leistung an. Solange wir uns in der Anpassungsphase befinden, kann Streß uns sogar zu Höchstleistungen bringen (Herausforderung). Jede körperliche oder geistige Anstrengung, jede Problemlösung benötigt ein gewisses Ausmaß an Streßenergie. Der Volksmund sagt ganz richtig: »Wer rastet, rostet.« Spitzenleistungen sind ohne kontrollierten Streß kaum möglich: Der Athlet, der sich psychisch auf den Wettkampf eingestellt hat und seine Streßreaktionen genau kontrolliert, setzt im richtigen Moment die bereitgestellte Energie zur Höchstleistung ein. Bekannte Schauspieler sagen: »Ich spiele am besten, wenn ich etwas Lampenfieber habe.« Streß ist zunächst positiv, erst ein Übermaß macht krank!

Die Beziehung zwischen Leistung und Streß entspricht einer umgekehrt U-förmigen Kurve. Von dem durch Unterforderung erzeugten Leistungstief erhöht sich mit steigendem Streß die Nutzung der Erregung, bis zur optimalen Leistung bei einem mittleren Ausmaß von Streß. Bei weiterer Zunahme der Streßereignisse erfolgt dann Leistungsabbau bis hin zur Leistungsunfähigkeit.

Mark Twain beschreibt den streßbedingten Leistungsausfall (blackout) treffend:

»Das Gehirn ist eine großartige Sache. Es funktioniert vom Augenblick der Geburt bis zu dem Zeitpunkt, wo du aufstehst, um eine Rede zu halten.«

Leistung und Streß

Anzeichen für *Unterforderung:*

- man fühlt sich häufig unwohl
- man ist gelangweilt und wenig motiviert
- die Leistung ist schlecht

- Leichtsinnsfehler treten auf
- man läuft »untertourig«
- ....

Im Bereich der *mittleren Streßdosis:*

- fühlt man sich wohl
- macht die Arbeit Spaß
- treten nur wenige Streßreaktionen auf
- fühlt man sich angespornt
- zeigt man gute Arbeitsgebnisse
- ....

Anzeichen für *Überforderung:*

- man fühlt sich überfordert
- man zeigt zunehmende Streßreaktion
- man wird planlos oder resigniert
- die Leistung wird immer schlechter
- Fehler häufen sich
- die Krankheitsanfälligkeit steigt
- ....

Man kann Tn/Kl auffordern, eigene Stressorenlisten zu erstellen (kann auch mit Hilfe eines Streßfragebogens erfolgen) und dabei die stressenden Merkmale zu erarbeiten. Sinnvoll ist (je nach Gruppe) bereits das Erstellen erster Handlungsketten sowie Vermutungen über eigene Bewertungsmuster.
Nach der Einzelarbeit tauschen sich Tn/Kl in »Kleingruppen« über ihre persönliche Streßanalyse aus. Durch den gegenseitigen Austausch sollen die Tn/Kl auch ihre Fähigkeiten verbessern, Stressoren anderer Personen zu erkennen und zu akzeptieren: Streß ist individuell!
In 3er-Kleingruppen kann das folgendermaßen ablaufen:
Person A berichtet über ihr Streßbeispiel, die anderen Personen hören zu, bewerten nicht und machen auch keinerlei Lösungsvorschläge, was den Tn/Kl häufig sehr schwerfällt. Einzige Aufgabe der anderen beiden Personen ist es, durch offen formulierte Schlüsselfragen der betroffenen Person zu helfen, ihr Streßbeispiel zu analysieren. Solche Schlüsselfragen könnten z. B. sein: Welche Personen sind dabei beteiligt? Seit wann besteht dieses Problem etc.?

4.3 Personenspezifische Faktoren (Organismus)

4.3.1 Hintergrundinformationen

Typ-A und Typ-C-Verhaltensmuster

Die Streßforschung beschreibt zwei Streßtypen: Typ A und Typ C. *Streßtyp A:* Friedmann & Rosenman (1959, 1974) haben zuerst eine Streß-Persönlichkeitstypologie geschaffen: Typ A weist Aspekte auf wie chronischer Zeitdruck, intensiver Ehrgeiz, Abneigung gegenüber Ineffektivität und Trödelei, Übergenauigkeit und Ungeduld. Solche Menschen bestreiten einen unaufhörlichen Kampf, um eine unbegrenzte Anzahl schlecht definierter Ziele zu realisieren (Friedmann, 1969). Jenkins (1978) und andere Autoren sprechen auch von einer Mischung von Feindseligkeit, Reizbarkeit, Ungeduld, Leistungsorientiertheit und hartem Staccato-Sprachstil. Dies entspricht einer generalisierten Übererregtheit im Verhalten, die einer Übererregung des autonomen Nervensystems zugeschrieben wird. Neuerdings wird er auch als Adrenalintyp (wegen der sympathikotonen Übererregung, Aktivierung der Sympathikus-Nebennierenmark-Achse) beschrieben. Das Typ-A-Verhaltensmuster hat sich in mehreren epidemiologischen Studien als eigenständiger Risikofaktor für Erkrankungen des Herz-Kreislauf-Systems erwiesen: Das Risiko, an einem Herzinfarkt zu erkranken, ist doppelt so hoch wie für andere Menschen. Brengelmann (1987) konnte einen engen Zusammenhang zwischen *hohem Erfolgsstreben* bei gleichzeitig intensiven *Streßreaktionen* und *vegetativen Erkrankungen* z. B. *Herz-, Kreislaufbeschwerden* zeigen. Diese Zusammenhänge wurden bei einigen tausend Managern und Polizeibeamten aus der BRD und der Schweiz nachgewiesen. Man verausgabt sich bis zum Schluß, aber der Leidensdruck ist meist gering. Oft tritt er erst nach jahrelangem Raubbau, z. B. wenn der erste Herzinfarkt ein Signal setzt, auf.
Das ist mittlerweile auch für Frauen nachgewiesen (Schwarzer 1988).

Neuere Untersuchungen zeigen, daß das Typ-A-Konzept nicht generell gültig ist. So ist die Überlebensrate von Typ-A- Personen nach einem Herzinfarkt höher als bei anderen Herzinfarkt-Patienten. Vermutlich ist das Typ-A-Verhaltenmuster hilfreich bei der Einhaltung der Rehabilitationsmaßnahmen. Es gilt also, spezifische gesundheitsschädigende Faktoren aus dem Typ-A-Verhaltensmuster herauszufinden. Neueren Untersuchungen zufolge sind besonders feindseliges Verhalten und Tendenz zu Ärger wichtige Prädikatoren für Koronarsklerosen. Besonders kritisch ist die Kombination von hohem Erfolgsstreben und intensivem Streß, wenn Situationen sich häufen, in denen einerseits ein hohes Ausmaß an Anstrengung erforderlich und andererseits der Mißerfolg sehr wahrscheinlch ist.

Erfolgs-Typ B: (positive Erfolgs-/Streßbilanz) = hohe Erfolgsorientierung bei wenig Streß; gesunde erfolgreiche Personen fallen in diese Gruppe, z. B. viele Manager, Freiberufler.

Streß-Typ C: Dieser Streßtyp wurde erst in den letzten Jahren beschrieben. Er wird auch als Krebstyp (cancer) oder neuerdings in der Biochemie und Biopsychologie als Cortisoltyp bezeichnet, da er über die Aktivierung der Hypothalamus-Hypophysen-Nebennierenrinde-Achse die Adrenalinausschüttung frühzeitig durch die Freisetzung der Corticotropin-Releasing-Hormone (CRH) hemmt.

Typisch bei C-Verhalten sind z. B. Verleugnen von Gefahren, Vermeidung von Konflikten, kooperatives Verhalten, scheinbare Gelassenheit, Unterdrücken negativer Emotionen, Nachgiebigkeit (Temoshok 1987).

Folgen dieser hohen Cortisolausschüttung sind Untersuchungen von Hellhammer und Kirschbaum (1990) zufolge Schwächung der Immunabwehr, was wiederum u. a. die Vermehrung von Krebszellen begünstigen soll. Die Untersuchungen von Grossarth und Maticek (seit den 80er Jahren bis heute) zur erhöhten Krebsanfälltigkeit, insbesondere bei zusätzlichen Hilfslosigkeitsgefühlen und Resignation, dieses Typs sind allerdings sehr umstritten.

Diskutiert wird zur Zeit die Wirkung des CRH auf Depressivität, Allergien, Neurodermitis (Holsboer z. B. 1999) sowie Nachlassen der Gedächtnisleistung und Abbau weiterer kognitiver Funktionen.

4.3.2 Lernziele

Die Tn/Kl

- wissen, daß personenspezifische Variablen die Bewertung beeinflussen
- kennen verschiedene Streßtypen
- erkennen eigene personenspezifische streßauslösende Bedingungen
- kennen Signale für Überforderung
- wissen, welche Bedeutung Einstellungen für die Entstehung von Streß haben.

4.3.3 Ablauf

Bereits vom 1. Treffen an werden Einstellungen (»Streß ist individuell, auf die Bewertung kommt es an«) hinterfragt und bei der Streßdefinition bzw. -analyse benannt. Zusätzlich werden sporadisch passende Anekdoten erzählt und dabei (freundlich-humorvoll-direktiv bis provokativ oder durch Blickkontakt oder Hinweis auf persönliche Berichte) Tn/Kl auf eigene streßerzeugende und »irrational beliefs« hingewiesen.
Anhand der Tn-Beispiele werden für den Tn-Kreis typische Bewertungen (z. B. »I'm the winner«, »Man kann sich auf niemanden verlassen«) kritisch diskutiert sowie die kurz- (oft Anerkennung) und langfristigen (z. B. Herzinfarkt) Folgen erarbeitet.
Typ-A-Verhalten
Detailliert wird das Typ-A-Verhalten (Konkurrenz, Ärger, überzogener Ehrgeiz, Perfektionismus, Ungeduld, Hektik) und die erhöhte Korrelation zu Herz-Kreislauf-Erkrankungen beschrieben.
Erfolgsorientierung und Streß
Erfolgsorientierung wird als zunächst positiv beschrieben (Brengelmann, 1993). Der Zusammenhang zwischen hoher Erfolgsorientierung und wenig Streß ist bei gesunden Managern zu finden. Hohe Erfolgsorientierung und hoher Streß existieren zum Beispiel bei Herz-Kreislauf-Erkrankungen (siehe Typ A).

Informationen für Tn/Kl

Die Einstellung, Persönlichkeit, Fertigkeiten und Bewältigungsstrategien sowie die Belastbarkeit der Person beeinflussen die Interaktion mit dem jeweiligen Stressor. So kommt es zu einer Bewertung der jeweiligen Situation.
Sogar eine objektiv gefährliche Situation löst nur dann eine Streßreaktion aus, wenn die betreffende Person die Gefahr erkennt und glaubt, über keine geeigneten Bewältigungsstrategien zu verfügen.

Beispiel: Der kleine Junge, der gerade erst Radfahren gelernt hat, will völlig angstfrei und mit Begeisterung einen steilen Berg hinuntersausen. Er erkennt die Gefahr nicht und glaubt, der Situation gewachsen zu sein.

Ebenso können an sich neutrale Situationen unangenehm erlebt werden und Streß erzeugen.

Beispiel: Die Benachrichtigung über eine Einschreibsendung im Briefkasten löst beim Gang zur Post die schrecklichsten Befürchtungen aus. Dann stellt sich heraus, daß es sich nur um die neue Scheckkarte handelt.

Menschen unterscheiden sich auch hinsichtlich der Bewertung der eigenen Streßreaktionen. Der eine stellt seine Streßreaktion lediglich fest, der andere regt sich darüber auf und steigert sich hinein.

Fallbeispiel:

Herr D. macht Urlaub in Spanien. Während seine Familie badet, liest er eine deutsche Tageszeitung und ärgert sich über die schlechte Börse. Dann beobachtet er den nahegelegenen Parkplatz. Er erkennt nach kurzer Zeit, daß die Parkplätze am Strand nicht optimal genutzt werden. Zunächst teilt er diese Tatsache aufgebracht seinen Liegestuhlnachbarn mit. Am 2. Tag hält es ihn nicht mehr am Strand, er springt auf und dirigiert schwitzend und mit hochrotem Kopf die Autofahrer und denkt dabei »Höchste Zeit, daß hier einer was tut, so kann das nicht weitergehen.«
Herr D. ist nur dann zufrieden, wenn er aktiv ist und Leistung erbringt. Er hat nur wenig Geduld mit sich und anderen. Das Leben an sich zu genießen, hat er nie gelernt. Dementsprechend treten

körperliche Beschwerden (häufige Kopfschmerzen) auf, die er selbst aber nicht in Zusammenhang mit seinem Lebensstil bringt. Personen, die diesem Verhaltensmuster entsprechen, nennt man Typ-A-Menschen. Im allgemeinen wird damit eine Kombination von hohem Leistungsstreben, Konkurrenzdenken, Ungeduld, Perfektionismus, hohem Verantwortungsbewußtsein, Hektik, Aggressionsbereitschaft und starker Zielorientierung beschrieben. Wilhelm Busch hat diesen Menschentyp so beschrieben:

Wirklich, er war unentbehrlich!
Überall, wo was geschah
Zu dem Wohle der Gemeinde,
Er war tätig, er war da.

Schützenfest, Kasinobälle,
Pferderennen, Preisgericht,
Liedertafel, Spritzenprobe,
Ohne ihn da ging es nicht.

Ohne ihn war nichts zu machen,
Keine Stunde hatt' er frei.
Gestern, als sie ihn begruben,
War er richtig auch dabei.

Zu überhöhtem Anspruchsniveau:

Dem Pareto-Prinzip entsprechend erledigen 20–30 Prozent der Mitarbeiter 70–80 Prozent der gesamten Arbeit in einem Betrieb. Deshalb werden Leute, die besonders tüchtig und motiviert sind und sich engagieren, auch besonders viel mit Arbeit überschüttet. Hier wird häufig sowohl vom Vorgesetzten als auch den Betroffenen übersehen, daß sie sich bereits in der Überforderungsphase befinden. Sie sagen nicht nein, arbeiten weiter, machen Fehler, kämpfen, um diese Fehler wieder auszugleichen etc. Auf der anderen Seite kann der andere Teil der Mitarbeiterschaft nicht lernen, sich zu qualifizieren, weil er einfach zu wenig Übungsmöglichkeiten erhält.

Zu externaler oder internaler Kontrolle:

Wenn jemand glaubt, einer Situation hilflos ausgeliefert zu sein, zeigt er sehr viel stärkere Streßreaktionen, als wenn er sich als Herr/Frau der gleichen Situation fühlt. Menschen, die aus Erfahrung und entsprechend ihren Fähigkeiten und ihrer Einstellung häufig glauben, eine Anforderung aktiv steuern zu können, sind weniger gefährdet, Streßfolgeschäden zu erleiden, als solche, die sich eher fremdgesteuert – also von der Umwelt bestimmt – fühlen und sich deshalb passiv-resignativ verhalten.
Auch ein überzogenes Kontrollbedürfnis kann zu Problemen führen. Man mischt sich überall ein, kann nichts laufen lassen, ist ständig aktiv und überfordert sich – und die Umwelt – und erzeugt damit einen Kreislauf.

Zu Belastbarkeit:

Hohe Belastbarkeit bedeutet geringere Streßanfälligkeit. Menschen mit niedriger Erregungsbereitschaft (= hohe Belastbarkeit) reagieren schwächer und weniger schnell auf Stressoren mit Streßreaktionen und erholen sich obendrein schneller. Damit sind sie weniger streßanfällig. Bei geringer Belastbarkeit ist das Erregungsniveau allgemein erhöht, Streßschäden treten häufiger auf, der Organismus reagiert auf den vier Verhaltensebenen zu intensiv, zu lang andauernd und zu schnell. Man steht unter Hochspannung.
Typische Signale für Überforderung sind:

- die Aktivierung tritt bereits bei geringer Streßdosis auf
- die Aktivierung ist intensiver
- Erholung erfolgt langsamer
- Überforderungsreaktionen und Langzeitschäden treten auf.

4.4 Persönliche Reaktionsmuster – Streßreaktionen

4.4.1 Hintergrundinformationen

Aktive und passive Streßreaktion
(nach von Holst u. Scherer 1988)

In der Alarmphase und in der Anpassungsphase wirken Hypophyse-Nebennierenrinde-System und Sympathikus-Nebennierenmark-System zusammen, d. h. sie werden gleichermaßen aktiviert. In der Phase der Überforderung wird idealtypisch jeweils nur eines von beiden Systemen aktiviert, und zwar in Abhängigkeit davon, wie die eigenen Bewältigungsmöglichkeiten im Verhältnis zur fortdauernden Anforderung oder Belastung bewertet werden. Je nachdem erfolgt eine aktive oder passive Streßreaktion. Wird der Stressor von Anfang an als unbewältigbar erlebt, tritt statt der Alarm- und Anpassungsphase sogleich die passive Streßreaktion auf.

1. Aktive Reaktion durch Aktivierung des Sympathikus-Nebennierenmark-Systems: verbissenes, allmählich zermürbendes Sichbemühen und Kämpfen; Gefühle der Wut und Angst, aggressive Disposition; Risiken: Schäden des Herz-Kreislauf-Systems.
2. Passive Reaktion durch Aktivierung des Hypophyse-Nebennierenmark-Systems: Resignation und Apathie; Gefühle der Hilflosigkeit und Depression; Risiken: Schäden infolge verminderter Immunaktivität, Appetitlosigkeit, Gewichtsverlust.

Die aktive Streßreaktion ist mit dem Verhaltenstyp A identisch; die passive Reaktion stellt einen vom Typus B zu unterscheidenden eigenen Verhaltenstypus dar.
Aufgrund des Zusammenwirkens von Hypophyse-Nebennierenrinde-System (zentrale Hormone: Cortisol und Corticosteron) und Sympathikus-Nebennierenmark-System (zentrale Hormone:

Adrenalin, Noradrenalin) vollziehen sich im Rahmen der Alarmphase hauptsächlich die folgenden vegetativen Prozesse:

1. Gesteigerte Bereitstellung von Energie (Zucker und Sauerstoff) durch

   a) raschere Zufuhr von Energie:
      - beschleunigter und kräftigerer Herzschlag, Anstieg des Blutdrucks
      - beschleunigte Atmung, Weitung der Bronchien

   b) Mobilierung von Energiereserven:
      - Freisetzen von Zucker aus der Leber und rasche Umwandlung von Körpereiweiß in Zucker in der Leber, deponiert als rasch freisetzbares Glykogen, Erhöhung der Cholesterinwerte
      - Bereitstellung zusätzlicher roter Blutkörperchen aus Blutreserveräumen zur
      - Erleichterung der Sauerstoffaufnahme und der Abgabe von Kohlendioxyd.

2. Umverteilung der Energie zugunsten von Organsystemen, die der raschen Bewältigung großer Anforderungen und Belastungen dienen, optimale Vorbereitung auf rasch zu vollziehende schwere körperliche und geistige Arbeit durch

   a) bevorzugte Versorgung der Skelettmuskulatur (Willkürmuskulatur) und des Gehirns:

      - Weitung der Arterien des Herzens, der Skelettmuskulatur und des Gehirns

   b) verminderte Versorgung des Verdauungssystems, des Immunsystems, der Organe für den Aufbau von Körpersubstanz und der Fortpflanzungsorgane:
      - Verengung der Arterien in der Haut und im Verdauungssystem
      - Verminderung von Immun- und Entzündungsreaktionen
      - Hemmung der Prozesse des Aufbaus von Körpersubstanz
      - Hemmung von der Fortpflanzung dienenden Prozesse

3. Vorbereitung auf Bewältigungsprozesse durch
   a) Erhöhung des Tonus der Skelettmuskulatur (Verspannung)
   b) erhöhte Gerinnungsfähigkeit des Blutes (Vorbereitung auf Verletzungen)

Die vier Verhaltensebenen

Reaktionen werden hier (zum besseren Verständnis für Tn/Kl) in vier verschiedenen Bereichen beschrieben.

1. *Die kognitive Ebene:*
   Alle geistig-gedanklichen Vorgänge wie Denk- und Wahrnehmungsprozesse
2. *Die emotionale Ebene:*
   Gefühle oder Befindlichkeiten
3. *Die vegetative Ebene:*
   Alle Reaktionen des vegetativen Nervensystems und der daran angeschlossenen Organe, die nicht willkürlich kontrollierbar sind.
4. *Die muskuläre Ebene*
   Reaktionen, die im Bereich der Skelettmuskulatur erfolgen, also jene, die der willkürlichen Kontrolle unterliegen.

Ein Stressor kann mit unterschiedlich starker Wirkung auf jeder der vier Ebenen beantwortet werden. Diese vier Bereiche sind jedoch nicht nur teilweise unabhängig voneinander, sondern sie beeinflussen sich auch gegenseitig wechselwirkend (Aufschaukelung, »Teufelskreis«).

4.4.2 Lernziele

Die Tn/Kl

- kennen den Ablauf von Streßreaktionen
- können über die Nutzbarmachung der frei werdenden Energie reflektieren
- kennen Streßsignale im betrieblichen Alltag

- wissen, wie sich Aufschaukelungsprozesse entwickeln
- erkennen typische Streßsignale
- wissen, wann sie gegensteuern können.

4.4.3 Ablauf

Zunächst empfiehlt es sich, an den biologischen Sinn des Streßmechanismus zu erinnern oder aber ihn erst an dieser Stelle zu erklären.
Während des Streßbewältigungstrainings können die folgenden Informationen an Tn/Kl weitergegeben und besprochen werden.

Informationen für Tn/Kl

Ablauf der Streßreaktionen auf den vier Verhaltensebenen (Aktivierung)

Jeder Mensch reagiert in der aktuellen Streßsituation zunächst mit einer biologischen Antwort.
Ziel ist – wie beim Urmenschen – die Aufrüstung des Organismus für eine plötzliche erhöhte Anforderung nach dem Grundmuster »Raufen oder Laufen«. *Automatisch* verändert sich der Gesamtzustand des Organismus, der Mensch reagiert als *ganzheitliches System*. Das bedeutet:

1. Kognitive Reaktionen

Die Wahrnehmung ist eingeengt auf die Reize, die für die streßauslösende Situation wichtig sind. Das erklärt auch Konzentrationsprobleme, wenn man beispielsweise privat Streß hat und sich deshalb nicht auf die Arbeit konzentrieren kann. Außerdem treten gedankliche Bewertungen (»Das geht schief«) auf.

2. Emotionale Reaktionen

Es entstehen sehr unterschiedliche Gefühle, die aus dem Grundmuster Angriff/Aggression – Flucht/Angst resultieren. Der persönlichen Lerngeschichte und der spezifischen Belastungssituation entsprechend – eine Palette von »Gefordert sein«, »sich Unwohl fühlen«, »innere Unruhe bis zu Angst«, »Ärger und Panik«.

3. Vegetativ-hormonelle Reaktionen

Es erfolgt eine vegetative und hormonelle Aktivierung. Der Sympathikus wird erregt, die Streßhormone Adrenalin und Cortisol werden ausgeschüttet. Dadurch wird z. B. der Atem schneller, Herz und Kreislauf arbeiten stärker, die Pupillen weiten sich, die Blutgefäße verengen sich, der Blutdruck steigt, Zucker- und Fettvorräte werden gelöst, Verbrennungsvorgänge beschleunigt, Schweißreaktionen treten auf. Durch das Hormon Hydrocortison sinkt die Immunabwehr des Körpers. Der Blutgerinnungsfaktor erhöht sich. Magen und Darm reduzieren ihre Aktivität, ebenso sind die Sexualfunktionen vorübergehend eingeschränkt. Es können auch vagotone Folgereaktionen wie Durchfall, Übelkeit oder Erbrechen auftreten.

4. Muskuläre Reaktionen

Die gesamte Skelettmuskulatur ist vorgespannt, man ist »sprungbereit« (Aufmerksamkeitstonus), der Körper ist auf Flucht oder Angriff optimal eingestellt.
Nach der Aktivierung tritt im allgemeinen eine spezifische Streßreaktion auf, die zur Bewältigung der Situation gezielt eingesetzt wird. So wird die Mobilisierung des Körpers und die kurzfristige Zunahme der Muskelkraft bei Aquaplanning sinnvollerweise nicht für den kräftigen Tritt auf die Bremse genutzt, sondern der Fuß vom Gas genommen.
Die eigenen Aktivierungsreaktionen können – wenn man sie frühzeitig erkennt – als *Signale* zur Gegensteuerung genutzt werden.

Woran erkennt man Streß bei sich?

Um Streß-Aufschaukelungsprozesse zu verhindern, ist es wichtig, Signale für Disstreß frühzeitig zu erkennen.

Streßsignale:

kognitive Reaktionen:

- Gedanken, wie:
  »Auch das noch«
  »Das geht schief«
- Leere in Kopf (blackout)
- Fluchtgedanken
- Konzentrationsmangel
- Gedächtnisstörungen
- Gedankenkarussel

emotionale Reaktionen:

- Angst
- Schreck
- Panik
- Nervosität
- Verunsicherung
- Ärger
- Wut
- Gereiztheit
- Versagensgefühle

vegetative Reaktionen:

- trockener Mund
- Kloß im Hals, Räuspern
- Herzklopfen/Herzstiche
- Blutdruckanstieg
- flaues Gefühl im Magen
- Übelkeit, Erbrechen
- Schwitzen
- Erröten
- Kurzatmigkeit
- Tränen
- weiche Knie
- Adern treten hervor
- Engegefühl in der Brust

muskuläre Reaktionen:

- starre Mimik
- Fingertrommeln
- Zittern
- Zähneknirschen
- Schultern hochziehen
- Füße scharren
- Zucken
- Spannungskopfschmerz
- Faustballen
- Stottern
- verzerrtes Gesicht

Arbeitsblätter für Tn/Kl

Typische Streßsignale

Stellen Sie hier Ihre Streßreaktionen zusammen, um sie als Warnsignale zum rechtzeitigen Umschalten (kurzfristige Erleichterung) verwenden zu können.

Schlüsselfragen

kognitiv	Was sage ich zu mir selbst, wenn ich in Streß gerate? ....
emotional	Was fühle ich? ....
vegetativ	Welche Anzeichen der vegetativen Erregung kann ich bei mir beobachten? ....
muskulär	Wo bemerke ich die muskuläre Anspannung besonders intensiv? ....

4.5 Konsequenzen

4.5.1 Hintergrundinformation

Halten streßauslösende Bedingungen über einen längeren Zeitraum an, können sich aus den anfänglich temporären Symptomen funktionelle Störungen entwickeln.
Gesundheitsrisiken bei Dauerstreß (Phase der Überforderung):

1. Herz-Kreislauf-Schäden:
   Bluthochdruck, Angina pectoris, Herzinfarkt, Arteriosklerose
2. Durch verminderte Immunaktivität begünstigte Krankheiten:
   Infektionskrankheiten, Tuberkulose, Krebs, Diabetes
3. Symptome verminderter Tätigkeit des Verdauungssystems und des verminderten Aufbaus von Körpersubstanz:
   Appetitlosigkeit, Gewichtsverlust
4. Symptome verminderter Tätigkeit der Fortpflanzungsorgane:
   verminderte oder fehlende sexuelle Potenz, funktionelle Sterilität

Chronische Überforderung führt zusätzlich zum Leistungsverlust (siehe 4.3.1); gehäuften Fehlern, Unfallgefährdung und Zunahme des Risikoverhaltens sowie zu Störungen in der Interaktion mit anderen Personen. Meist bleibt auch – im Sinne einer negativen Spirale – immer weniger Zeit und Energie für Belastungsausgleich (siehe Kap. 7.5).

4.5.2 Lernziele

Die Tn/Kl

- wissen, welche Reaktionen/Konsequenzen auf den vier Verhaltensebenen bei Dauerstreß auftreten können
- erkennen ihre eigenen langfristigen Reaktionen
- wissen, welche Streßfolgekrankheiten es gibt und wie sie entstehen.

4.5.3 Ablauf

Diesen Block kann man gut mit 4.4 (Aktivierungsreaktionen) kombinieren und erklären, daß die kurzfristigen Streßreaktionen bei Dauerstreß zu langfristigen Reaktionsmustern, Konsequenzen auf den vier Verhaltensebenen und im spezifischen Verhalten (z. B. Fehler, Unfälle, Leistungsabbau) führen. Auch an dieser Stelle ist – wenn noch nicht geschehen – ein Hinweis auf die in 4.3 dargestellten kurvilinearen Beziehungen zwischen Leistung und Streß angebracht.

Informationen für Tn/Kl

Anzeichen von Überforderung

Bei überdosiertem und/oder lang und andauerndem Streß, verändern sich die Streßreaktionen: Es kommt zu Überforderungsreaktionen und zu negativen Konsequenzen.
Hierzu gehört auch das sogenannte »*Burnout-Syndrom*«, das Gefühl des Ausgebranntseins. Alles wird einem zuviel, man ist müde, verspannt und lustlos. Besonders hochengagierte Menschen, die zu lange Zeit ihren Job oder ihre Tätigkeit (z. B. als auf-opferungsvolle Mutter) hochtourig fahren, erschöpfen sich auf diese Weise und finden keinen Spaß mehr an ihrer Arbeit und ihrem Leben.

1. Kognitive Überforderungsreaktionen

Dauerstreß führt zur Einengung von Wahrnehmung und Informationsaufnahme (Scheuklappeneffekt). Auch Lern- und Gedächtnisleistungen nehmen meßbar ab.

2. Emotionale Überforderungsreaktionen

Es entstehen bei Dauerstreß unterschiedliche Zustände mit Gefühlen, die letztlich dem Grundmuster Aggression (bei Angriffstendenz) und Angst (bei Fluchttendenz) entsprechen.

3. Vegetative Überforderungsreaktionen

Es erfolgt eine Erhöhung der Reaktionsbereitschaft in Richtung Erregung mit (psychosomatischen) Beschwerden. Auch die oft diagnostizierte *vegetative Dystonie* gehört hierhier. Es handelt sich dabei um eine Fehlregulation im vegetativen Nevensystem, die zu schwer abgrenzbaren und heftig wechselnden Beschwerden führt, oft in ganz unterschiedlichen Organbereichen.

4. Muskuläre Überforderungsreaktionen

Ständige Anspannung verbraucht übermäßig viel Energie, man ermüdet vorzeitig. Chronische *Verspannung ganzer Körperpartien* sind eine weitere unangenehme Folge.

Wenn Muskeln durch einseitige körperliche oder psychische Belastung ständig angespannt sind, werden die in ihnen liegenden Blutgefäße zusammengepreßt und damit die Blutzufuhr gedrosselt. Dadurch gelangen zu wenig Sauerstoff und Nährstoffe in die Muskeln und die Abfallprodukte Kohlensäure und Milchsäure werden nicht ausreichend abgeführt. Diese Abfallstoffe erzeugen Schmerzen. Im Lauf der Zeit verselbständigen sich die Schmerzen und treten auch ohne direkten Auslöser auf. Auf diese Weise entsteht z. B. Spannungskopfschmerz. Meist wird Verspannung nicht rechtzeitig wahrgenommen, sondern erst beim Auftreten von Schmerzen (z. B. Spannungskopfschmerz als Folge von Verspannung der Nackenmuskulatur).

Arbeits- und Informationsblätter für Tn/Kl

Anzeichen von Überforderung (Konsequenzen)

1. *Kognitive Überforderungsreaktionen*

    - Konzentrationsstörungen
    - Tagträume
    - Gedächtnisstörungen
    - Leistungsstörungen
    - Scheuklappeneffekt: Rigidität
    - Realitätsflucht
    - Wahrnehmungsverschiebungen
    - Alpträume
    - Aufmerksamkeitsstörungen

2. *Emotionale Überforderungsreaktionen*

    - Aggressionsbereitschaft
    - Angstgefühle
    - Unsicherheit
    - Unzufriedenheit
    - Unausgeglichenheit
    - Gefühlsschwankungen
    - Nervosität
    - Gereiztheit
    - Depressionen
    - Apathie
    - Hypochondrie (eingebildete Krankheiten)
    - Lustlosigkeit
    - innere Leere
    - Gefühl des Ausgebranntseins

3. *Vegetative Überforderungsreaktionen*

    - Herz-Kreislauf-Beschwerden
    - hoher (labiler) Blutdruck
    - Erhöhung des Infarktrisikos
    - Gastritis

- Darm- und Magengeschwüre durch erhöhte Salzsäureproduktion des Magens
- Verdauungsbeschwerden
- Schlafstörungen
- chronische Müdigkeit
- Anfälligkeit für Infektionen
- Verschiebung des Hormonhaushaltes
- Erhöhung des Cholesterinspiegels
- Abnahme der Schilddrüsentätigkeit
- Zyklusstörungen bei der Frau
- Verminderung der Samenproduktion beim Mann
- Sexuelle Funktionsstörugen (z. B. vorzeitiger Samenerguß)
- Hautveränderungen
- übermäßiges Schwitzen
- Schwindelanfälle
- Atembeschwerden
- Migräne

4. *Muskuläre Überforderungsreaktionen*

- allgemeine Verspanntheit
- leichte Ermüdbarkeit
- Krampfneigung
- Muskelzittern
- Ticks
- Entspannungsunfähigkeit
- lokale Verspannungen
- Rückenschmerzen,
- Kopfschmerzen

Arbeitsblatt für Tn/Kl: Überforderungsreaktionen

Notieren Sie hier die (ersten) Anzeichen von Überforderung, die Sie bei sich wahrnehmen. Meist treten diese Überforderungsreaktionen auch unabhängig von akuten Auslösern auf, zum Teil sogar in Ruhe- oder Erholungsphasen (z. B. Migräne).

Überforderungsreaktionen:

kognitiv ....

....

....

....

....

emotional ....

....

....

....

....

vegetativ ....

....

....

....

....

muskulär ....

....

....

....

....

5. Ansatzmöglichkeiten zur Streßbewältigung

5.1 Hintergrundinformationen

Streßbewältigung hat zum Ziel, individuelle Fähigkeiten und Ressourcen (Copings) anzuwenden, um interne und externe Anforderungen zu erfüllen und gesund zu bleiben. Hier unterscheidet man zwischen Strategien, die auf die Veränderung der situativen, streßerzeugenden Bedingungen ausgerichtet sind (»instrumentelle« Strategien) und Methoden zur Veränderung der körperlich-emotionalen Reaktion (»palliative« Strategien).

Kurz- und langfristige Methoden:

Es gibt grundsätzlich zwei Wege, Streß zu bewältigen:

1. Methoden, mit denen die Ursachen von Streß verändert werden. Diese sogenannte langfristige Streßbewältigung ändert entweder die Streßsituation oder den Menschen selbst. Man geht die Belastung direkt an und löst das Problem langfristig. Die Belastungssituation wird nicht nur erträglicher, sondern grundsätzlich verändert oder der Organismus streßresistenter gemacht (S, O).
2. Auf der anderen Seite gibt es die Techniken der kurzfristigen Erleichterung. Dabei geht man die Auswirkungen bereits auftretender Streßreaktionen direkt an und versucht, Eskalationen zu vermeiden und die Spitzen der Erregung zu kappen (R).

Drei Ansatzpunkte zur effektiven Streßbewältigung:

1. *bei den Stressoren »die Umwelt verändern« (S)*
   Man kann die Summe der Stressoren (Streßdosis) verringern, indem man einige davon
   – ausschaltet

– reduziert
– vermeidet.

2. *beim Menschen »sich selbst verändern« (O)*
   Man kann sich selbst durch langfristige Streßbewältigungsmethoden verändern und dadurch stabiler werden, indem man
   – die Belastbarkeit (z. B. durch Entspannung) erhöht
   – positives Verhalten aufbaut (z. B. Hobbys)
   – die Bewertung der Streßsituation verändert (z. B. durch Einstellungsänderung).

3. *bei der Streßsituation »die Erregung drosseln« (R)*

Selbst dann, wenn weder der Stressor noch die Person beeinflußt werden kann, gibt es durch die Techniken der kurzfristigen Erleichterung Wege, die Streßreaktion so zu beeinflussen, daß man
– die Erregungsspitzen kappt,
– Aufschaukelung verhindert,
– schnellere Erholung ermöglicht.

»K« steht bei den Copings in Klammer. In dem Moment, wo man entweder an »S« und/oder an »O« und/oder an »R« erfolgreich ansetzt, ergeben sich keine negativen Konsequenzen aus Streß mehr, z. B. eine Konsequenz wie die Wochenend-Migräne, oder daß man streßbedingt ungesund lebt. Das alles ist nur Folge dessen, was vorher abläuft.

Stressoren:

Langfristige Veränderung

- Analysieren
- Bewerten
- Ausschalten
- Reduzieren
- Vermeiden

Beispiele:
- Problem lösen
- Zeitmanagement
- Motivieren
- Risikoverhalten abbauen
- Delegieren

Organismus:

Langfristige Veränderung

- Bewertung verändern
- Positives Verhalten auf- und ausbauen
- Belastbarkeit erhöhen

Beispiele:
- Einstellungsänderung
- Entspannung
- Kontakte pflegen
- Belastungsausgleich
- Sport

Reaktion:

Kurzfristige Erleichterung

- Kappen der Erregungsspitzen
- Deeskalation

Beispiele:
- Spontanentspannung
- Wahrnehmungslenkung
- Positives Selbstgespräch
- kontrollierte Abreaktion

Ansatzmöglichkeiten zur Streßbewältigung

5.2 Lernziele:

Die Tn/Kl

- wissen, wo zur Streßbewältigung angesetzt werden kann
- sammeln die bisher von ihnen praktizierten Streßbewältigungstechniken
- reflektieren über die Konsequenzen dieser Methoden
- überlegen, welche Copings anderer Tn/Kl auch für sie hilfreich sein können.

5.3 Ablauf

Mit Tn/Kl werden Ansatzmöglichkeiten zur Streßbewältigung anhand des S-O-R-Modells erarbeitet. Tr/Th kann dabei einen Hinweis geben auf das alte Motto in Anlehnung an Augustinus und Oettinger:
»Lieber Gott gib mir die Kraft, die Dinge zu verändern, die ich verändern kann, und die Dinge zu ertragen, die ich nicht verändern kann, und die Weisheit, das eine vom anderen zu unterscheiden.«
Tn/Kl verfügen bisher über zum Teil durchaus praktikable Methoden zur Streßbewältigung. Das sollte vorab auch als Ermunterung so formuliert werden.
Die Erkenntnis, daß der Handlungsspielraum, die Möglichkeiten sehr viel breiter sind, als in Streßsituationen meist subjektiv wahrgenommen wird und daß es (zunächst) nicht darauf ankommt, »ideale« Lösungen zu finden, wirkt erleichternd.
In Kleingruppen werden die bisherigen Streßbewältigungsversuche zusammengestellt und dann ungeeignete anhand der kurz- und langfristigen Folgen ausgesondert (z. B. die Entspannungszigarette). Die passenden Copings der Tn/Kl werden später den jeweiligen Techniken zugeordnet; dadurch wird der Transfer erleichtert.

Beispiel für die Vermittlung von Informationen an Tn/Kl

Sie alle verfügen ja bereits über Wege und Möglichkeiten, Streß zu bewältigen – sicher nicht immer und sicher nicht in jeder Streßsituation – manchmal besser, manchmal schlechter. Aber jeder von uns hat Hilfsmittel, Methoden und Wege, um für sich selbst zu sorgen und Streß in bestimmten Fällen zu reduzieren. Genau das wollen wir jetzt sammeln.

Als *1. Schritt* überlegen Sie in Kleingruppen – zunächst jedoch jeder für sich selbst –, was tue ich denn bereits, um mich wohlzufühlen oder um Streß zu bewältigen. Jedes Beispiel soll auf einer Karte notiert werden, wobei sehr wichtig ist, daß nur solche Methoden notiert werden, die Sie selbst praktiziert haben und nicht solche, von denen Sie zwar wissen, daß sie gesund wären, diese aber selbst nicht ausüben.

Im *2. Schritt* tauschen Sie sich mit den anderen Tn/Kl Ihrer Kleingruppe über das aus, was Sie machen. Dabei können Sie durchaus interessiert nachfragen, wann, wo und wie machen Sie das denn? Möglicherweise kann man dann einige Bewältigungsstrategien in das eigene Verhaltensrepertoire integrieren.

Im *3. Schritt* bewerten Sie, welche dieser gewählten Methoden – langfristig gesehen – höchstwahrscheinlich ungünstig sind. Also z. B. der Entspannungsschluck, die Entspannungszigarette, und dann markieren Sie diese Beispiele mit einem großen Ausrufezeichen.

Im *4. Schritt* versuchen Sie, die Karten in unser S-O-R-(K)-Schema einzuordnen. d. h. Sie überlegen sich, welche von diesen Beispielen eher dazu dienen, Stressoren langfristig aus dem Wege zu räumen oder zu reduzieren, wie beispielsweise das Schaffen von Pufferzeiten (= Ansatzpunkt Stressoren).

Und Sie denken darüber nach, welche Methoden die Person langfristig verändern, indem man sich fitter, belastbarer macht, wie z. B. Sport, oder durch die Veränderung ungünstiger Einstellungen (wie z. B. Perfektionismus, überhöhte Ansprüche) (= Ansatzpunkt O).

Zum Ansatzpunkt R gehören dann die Methoden, sich selbst kurz Erleichterung zu verschaffen, die Erregung zu reduzieren, z. B. indem man eine kleine Pause einlegt oder ähnliches.

Im Plenum werden die erarbeiteten Ergebnisse kurz gemeinsam betrachtet, Tr/Th geht erst wieder darauf ein, wenn die entsprechenden Techniken vermittelt werden, beispielsweise wenn man kurzfristige Erleichterungstechniken bespricht. Dann kommt er/sie auf die von den Tn/Kl gesammelten Copings zurück und ordnet diese gemeinsam mit der Gruppe den genannten Techniken zu. Tn/Kl erleben es als sehr positiv, wenn sie sehen, daß sie bereits einiges an den vermittelten Techniken in bestimmten Ausmaß praktiziert haben und daß sie nun sehen, was sie damit konkret machen und welchen Effekt – z. B. kurz- oder langfristig – diese oder jene Technik hat.

Beispiele für häufig genannte Copings der Tn/Kl:

S delegieren
nein sagen
umziehen
kündigen (!?)
gut planen

O Sauna
lesen
faulenzen
musizieren
gesunde Ernährung
Urlaub
mit Kindern spielen
gelassen sein
sich an der Natur erfreuen
Sport treiben

R Schreien
Türen knallen
Alkohol trinken (!)
kurze Pause einlegen
prusten, stöhnen
plaudern

Kurzfristige Erleichterung

Spontane Entspannung
Wahrnehmungslenkung
positives Selbstgespräch
kontrollierte Abreaktion

Langfristige Veränderung

Entspannung
Problemlösung
Einstellungsänderung
Zufriedenheitserlebnisse
Kontakte
(Aufbau von Fertigkeiten)

Kurzfristige Erleichterung und langfristige Veränderung

6. Kurzfristige Erleichterung

6.1 Die Techniken der kurzfristigen Erleichterung

6.1.2 Hintergrundinformationen

Alle Techniken der kurzfristigen Erleichterung setzen an der Streßreaktion direkt an und bewirken deshalb nur eine kurzfristige Veränderung des Befindens. Sie sind immer dann anwendbar, wenn die eigentlichen Ursachen für die Belastung (momentan) nicht zu beheben sind und die akute Erregung abgebaut werden soll oder schneller Erholung erreicht werden soll.
Ziele dieser Maßnahmen sind:

- Kappen der Erregungsspitzen
- Unterbrechen der Eskalation bei der betroffenen Person und in der Interaktion
- schnelleres Umschalten auf Erholung.

Einsatzmöglichkeiten

- Vorbereiten auf typische, persönliche Streßsituationen und bereits vorher überlegen und üben, welche streßabbauenden Maßnahmen hier sinnvoll eingesetzt werden können.
- In und nach Streßsituationen die vorher geübten und ausgewählten Techniken auf Abruf einsetzen und so die Erregung drosseln.
- Auch bei Auftreten von Streßreaktionen ohne momentan definierbarem Auslöser mit erregungsreduzierenden Maßnahmen antworten.

Abgesehen von Entspannungstechniken werden die Techniken der kurzfristigen Erleichterung zuerst trainiert, da die Tn/Kl sie
- leicht erlernen
- schnell Erfolgserlebnisse (Erleichterung) erleben

- eine Basis für langfristige Techniken entsteht
- Bereitschaft zum strukturierten Umgang mit Streßbelastung und zur konkreten Handlungsplanung und -durchführung erzeugt wird
- und damit Vermeidungsverhalten vorgebeugt wird.

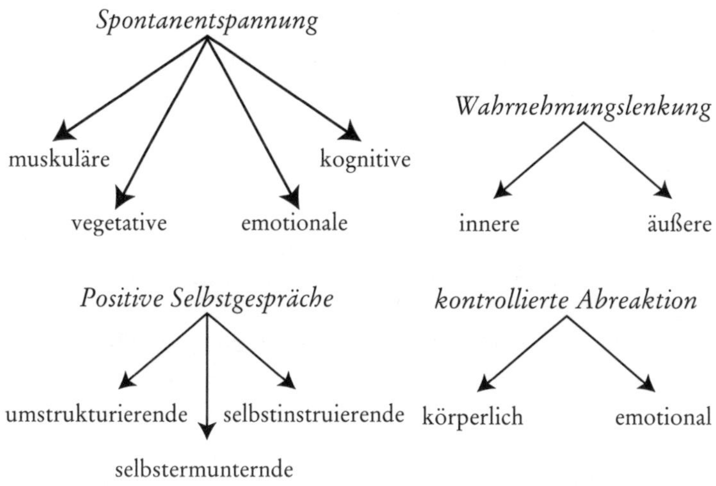

Kurzfristige Erleichterung – Übersicht

6.1.3 Lernziele

Die Tn/Kl

- können eigene Copings der KE zuordnen
- kennen die Techniken der KE
- kennen und üben Möglichkeiten
  - der Wahrnehmungslenkung,
  - der positiven Selbstgespräche
  - der Spontanentspannung
  - der Abreaktion
- erarbeiten eigene Beispiele für den Einsatz einiger dieser Methoden.

6.1.4 Ablauf

Die vier Methoden zur kurzfristigen Erleichterung werden vom Tr/Th vorgestellt, die entsprechenden Copings der Tn/Kl zugeordnet und bei Bedarf geübt (z. B. Wahrnehmungslenkung, positive Selbstgespräche, Spontanentspannung). Tn/Kl überlegen, welche Techniken der kurzfristigen Erleichterung sie wo/wann/bei welchen persönlichen Belastungssituationen einsetzen können – und nicht, was sicher wann/wo/wie nicht funktioniert, obwohl das bestimmt amüsanter wäre.

Wahrnehmungslenkung

Belastende Gedanken in Streßsituationen werden durch neutrale, erregungsreduzierende Gedanken ersetzt. Des weiteren werden bewußt alternative Aktivitäten aufgesucht, um einer Streßeskalierung zu entgehen und den Fokus auf Belastungsreduzierung zu lenken. Diese Methode ist einfach durchzuführen. Sie bewährt sich besonders, wenn es darum geht, Erregungsspitzen zu kappen. Bei sehr hoher Erregung (z. B. durch Sorgen um Familienangehörige, denen möglicherweise etwas zugestoßen sein könnte) funktioniert die Technik nicht, die Gedanken kreisen weiter. Hier empfiehlt sich eher eine bewußte Zuwendung und deeskalierende Auseinandersetzung mit den Stressoren (Sorgen).

Informationen für Tn/Kl

Äußere Wahrnehmungslenkung

Damit sind gezielte Aktivitäten gemeint, die die Belastung vorübergehend vergessen lassen. Man macht kurzfristig etwas anderes, drängt damit die Belastung vorläufig in den Hintergrund und konzentriert sich vollständig auf die neue Tätigkeit und reduziert so die Erregung.
Die gewählten Aktivitäten dürfen natürlich nicht neuen Streß erzeugen (z. B. Entspannungszigarette).

Beispiele: Beschäftigung mit anderen, angenehmeren Arbeiten, Kurzpausen einlegen, komplizierte Bewegungsabläufe durchführen (wie z. B. Schlagzeuger imitieren), spazierengehen, Blumen gießen etc.

Innere Wahrnehmungslenkung

Hier lenkt man die Aufmerksamkeit von der streßauslösenden Situation weg und richtet sie intensiv auf etwas anderes:
– *auf konkrete Reize*
Beispiele: Bild, Blumen, (Urlaubs-)Foto, Vogelzwitschern, oder man stellt sich ein Stoppschild vor, um Streßeskalation vorzubeugen.
– *auf nach innen geschaute Bilder*
Das bedeutet die Konzentration auf Ruhebilder und die dabei entstehenden Empfindungen, z. B. riechen, sehen, hören (siehe auch Genußtraining).
Beispiele: Strand, Wiese, Berglandschaft, Badewanne, im Lehnstuhl vor dem Kaminfeuer.
Wenn die nach innen geschauten Bilder mit Entspannung gekoppelt sind, sind sie besonders wirksam.
Tr/Th fordert Tn/Kl im Plenum sitzend auf, die Augen zu schließen und sich zu entspannen. Er schildert dann ein derartiges nach innen geschautes Bild, z. B. Strand (siehe konzentrativ-emotionale Entspannung).
– *auf neutrale oder positive Gedanken*
Man denkt an nichtbelastende, neutrale oder positive Ereignisse.
Beispiele: Freizeitaktivitäten, Urlaub, Hobbys, nette Menschen, lustige Ereignisse, schöne Tagträume etc.
Man macht beispielweise in einer Phase mit vielen Pannen, starkem Zeitdruck, beim Lernen auf Prüfungen kurze Pausen und malt sich aus, wie gut man sich fühlen wird, wie glücklich und befreit man sein wird, wenn es vorbei ist, wie man entspannt die fertige Arbeit, das Prüfungsergebnis in Händen hält usw.
Hilfreich ist auch eine »streßfreie Zone« am Arbeitsplatz / im Haushalt. Dort darf kein Hinweis auf Belastungen wie unerledigte Arbeit, Merkzettel usw. vorhanden sein. Statt dessen vielleicht ein mit Entspannung assoziiertes Foto, die Tasse Tee, die Zeitschrift,

was auch immer für die Situation sinnvoll erscheint und subjektiv als angenehm erlebt wird.

Informationen für Tn/Kl

Mit Tn/Kl können aus der konkreten Situation sich anbietende Übungen durchgeführt werden: den Baum vor dem Fenster wahrnehmen, verankern lassen und dann nochmals Instruktionen geben, sich das nach innen geschaute Bild zu vergegenwärtigen.

Positive Selbstgespräche

Verhalten und Emotionen werden meist von einem inneren Dialog begleitet, einer Bewertung der Situation und/oder der eigenen Person. In Streßsituationen tauchen Gedanken auf wie: »Das schaffe ich nie«, »Das wird schiefgehen«, »Ich fühle mich schrecklich« etc. (Streßreaktion).

Informationen für Tn/Kl

Ziel der Methode der positiven Selbstgespräche ist es, sich positiv zu beeinflussen oder negative Selbstgespräche zu erkennen, um sie in positive umzuwandeln (Veränderung von Bewertungen).

- *Umstrukturieren*

Viele Belastungen haben auch positive oder amüsante Elemente. Deshalb konzentriert man sich auf die erfreulichen, fördernden oder komischen Aspekte der Situation und relativiert die negativen.

»Eine Forderung gibt mir auch die Chance, mich zu behaupten, zu lernen usw.«

Man sieht die ganze Sache aus einer anderen Perspektive und macht sie dadurch erträglicher. Aus »ich verliere immer« wird ein »ich habe (mehrfach) verloren, jetzt werde ich versuchen, aus meinen Fehlern zu lernen«. Oder man stellt sich vor, irgendwo anders zu sein (in Afrika, auf dem Meer) und das eigene Problem aus dieser Perspektive zu begutachten »was ist das im Vergleich zu …«

Diese Methode ist eine gute Vorbereitung auf die Einstellungsänderung.

Die Umstrukturierung der streßauslösenden Situation darf natürlich nicht zum Selbstbetrug werden, wie das in der Geschichte von den beiden abgestürzten Fensterputzern beschrieben wird: Als beide am 10. Stock vorbeikommen, sagt der eine munter zum anderen »Nur Mut, bis jetzt geht's ja noch gut.«

- *Selbstinstruieren*

Das bedeutet, sich selbst auffordern, streßauslösende Bedingungen zu verändern, also sich nicht zu sorgen, wie unsicher man z. B. seine Aussagen formuliert, sondern sich zu instruieren, ruhig und gelassen mit fester Stimme Lösungsansätze vorzutragen. Man fordert sich auf, streßbewältigende Handlungen einzusetzen.

- *Selbstermuntern*

Es gibt zahlreiche Möglichkeiten, sich durch Selbstgespräche zu ermuntern, sich Mut zuzusprechen und sich dadurch zu stärken: »Ich habe die Situation in der Hand«, »Du wirst es schaffen«, »Du bist gut vorbereitet.«

Informationen für Th/Tr

- Die Tn/Kl sammeln alle Selbstgespräche, die ihnen in Streßsituationen durch den Kopf gehen
- teilen diese in positive und negative ein
- überlegen sich positive Selbstgespräche anstelle der gesammelten negativen. Es ist dabei wichtig, daß diese Formulierungen akzeptiert werden. Z. B. anstatt: »Ich mache sicher Fehler«, nicht: »Ich mache sicher keinen Fehler«, sondern eher: »Ich tue mein Bestes, kann mir aber Fehler erlauben.«
- stellen außerdem unabhängig ermunternde Selbstgespräche zusammen, die bei der Streßbewältigung helfen.

Arbeitsblatt für Tn/Kl

Entwicklung positiver Selbstgespräche in der Situation »Vortrag halten«

VOR DEM VORTRAG:

Negatives Selbstgespräch	*Positives Selbstgespräch*
»Sicher kommen unangenehme Fragen, die ich nicht beantworten kann.«	»Erst mal abwarten.«
	»Es wird mir schon eine Antwort einfallen, ich muß ja nicht perfekt sein.«
»Mein Vortrag wird nicht gut ankommen.«	»Ich muß es nicht allen recht machen. Bisher war ich meistens gut.«

WÄHREND DES VORTRAGES:

Negatives Selbstgespräch	*Positives Selbstgespräch*
»Ich bin schon wieder aufgeregt.«	»Atme langsam aus und puste den Streß weg.«
»Oh je, jetzt hab ich mich versprochen, wie peinlich!«	»Ja und? Ich lache – und erlaube damit den Hörern, auch zu lachen. Dann konzentriere ich mich und spreche langsamer.«

NACH DEM VORTRAG:

Negatives Selbstgespräch	*Positives Selbstgespräch*
»Mein Vortrag wurde schon wieder kritisiert.«	»Kritik ist eine Lernchance.« »Der Hörer wollte vielleicht zeigen, was er alles weiß.«
»Ich bin total erledigt.«	»Es war gut, daß ich mich der Situation gestellt habe.«

Kontrollierte Abreaktion

Informationen für Tr/Th

Emotionale Abreaktion sollte von Tr/Th vorsichtig behandelt werden.
Zunächst spielt Macht eine wichtige Rolle. Manche Personen mit sozialer Macht bevorzugen gelegentlich diese Technik und übersehen oft die negativen Auswirkungen auf Abhängige (Angst, Streß, unterdrückte Aggression).
Bei cholerischen Menschen oder solchen, die leicht die Selbstkontrolle bei aggressiven Emotionen verlieren, ist diese Technik ebenfalls nicht angebracht, denn dann eskaliert die Abreaktion und wird zur Streßreaktion, man steigert sich in immer größere Erregung.
Abreaktion ist nur dann eine Streßbewältigungs*technik*, wenn sie jederzeit willkürlich erzeugt und abgestellt werden kann.

Informationen für Tn/Kl

a) Körperliche Abreaktion

Wenn man die Möglichkeit hat, sich körperlich abzureagieren, tut man das, was einem physiologisch programmiert ist.

Kennen Sie das?
Sie kommen müde und erschöpft nach einem anstrengenden, streßreichen Arbeitstag nach Hause. Sie haben schwere Beine, obwohl (weil!) Sie sich kaum bewegt haben. Sie lassen sich auf die Couch fallen, schalten den Fernseher an und dösen ein.
Wie fühlen Sie sich danach? Frisch und erholt? Wohl kaum! Höchstwahrscheinlich sind Sie wie erschlagen. Ihr Körper hat ja den ganzen Tag über Streßenergie freigesetzt, um Sie zu körperlicher Hochleistung zu befähigen. Und Sie sind den ganzen Tag gesessen: am Telefon, beim Arbeitsessen, in der Konferenz, im Auto ... Was Ihr Körper jetzt braucht, ist Abreaktion, Abführen von Energie.

Und wie anders ist es, wenn Sie trotz Müdigkeit ein verabredetes Squashspiel nicht absagen? Sie entschuldigen sich vorsorglich bei Ihrem Partner, »bei mir geht heute nichts, ich bin richtig ausgelaugt ...«. Nach zehn Minuten staunt dieser dann über Ihr energiegeladenes Spiel.
Da fällt Ihnen ein: »Richtig, ich war ja vorher todmüde. Aber jetzt fühle ich mich topfit!«
Sie haben das getan, wozu der Streßmechanismus Sie programmiert.

Beispiele:
- mit der Faust auf den Tisch schlagen
- abends Sport treiben (wenn man noch immer »geladen« ist)
- Treppe hochlaufen

b) Emotionale Abreaktion

Auch die im Streß angestauten Gefühle kann man abreagieren. Wichtig ist aber die Fähigkeit, sich so zu kontrollieren, daß man sich und anderen nicht schadet und neuen Streß verursacht (Ärgerkontrolle).

Beispiele:
- sich bei anderen »ausweinen«
- schimpfen

Systematische Spontanentspannung

Informationen für Tr/Th

Wenn Entspannungstechniken sicher beherrscht werden, können Kurzformen abgeleitet werden.
Besonders geeignet für solche »auf Kommando« abrufbaren erregungsreduzierten Maßnahmen sind Übungsteile aus:

- der systematischen Muskelentspannung
- dem Autogenen Training
- den Atemübungen
- den konzentrativen Methoden.

Wie bei den Langformen der Entspannung sind im allgemeinen muskuläre Methoden am leichtesten einsetzbar.

Beispiel für die Vermittlung von Information

Man kann lernen, einzelne Muskeln zu entspannen. Jene z. B., die man in einer Streßsituation gerade nicht benötigt, und bei denen die Entspannung gut gelingt. So kann man in Konferenzen, während man mit den anderen Konferenzteilnehmern zusammensitzt und mit ihnen redet, unauffällig die Muskeln des Gesichts, der Schultern, des Rückens und der Beine entspannen.
In Belastungssituationen sind viele Muskeln des Körpers stark angespannt. Will man dieser Verkrampfung begegnen, muß man zunächst beobachten, welche Muskeln unnötig angespannt sind. Diese Muskeln werden dann entspannt. So kann man viele Aktivitäten entspannter durchführen und in den verschiedensten Streßsituationen Belastungen entgegenwirken.

1. Schritt: Versuchen Sie, nach Ihren Entspannungsübungen »auf Kommando« einzelne Muskelpartien, bei denen die Entspannung gut gelingt, nochmals zu entspannen (z. B. die Hände, das Gesicht).
2. Schritt: Setzen Sie die Entspannung in verschiedenen neutralen Alltagssituationen ein (unterhalten, lesen, arbeiten).
Wenden Sie Ihre Aufmerksamkeit kurz den einzelnen Muskelgruppen zu. Versuchen Sie zu entdecken, welche angespannt sind, und entspannen Sie sich mit der für Sie besonders effektiven Methode.
3. Schritt: Nach einiger Zeit können Sie diese Übung auch in belastenden Situationen einsetzen. Erwarten Sie aber keinen sofortigen Erfolg. Betrachten Sie es vielmehr als einen Versuch, beginnenden Anzeichen der Unruhe, der Nervosität aktiv zu begegnen, indem Sie sie zum Signal für die Entspannung machen. Freuen Sie sich über jeden kleinen Erfolg.
Spontane vegetative Entspannung
Beherrschen Sie die Grundstufe des Autogenen Trainings, verschiedene Atemtechniken, können Sie Kurzformen daraus ableiten

und sie dann entsprechend den drei Schritten bei der muskulären Spontanentspannung einsetzen.
So kann man der sympathikotonen Erregung durch gleichmäßiges Atmen, Schwere- oder Wärmeinstruktionen gezielt und ganz unauffällig entgegenwirken.

Spontane kognitive Entspannung

Auch Kurzübungen aus der Meditation oder den Konzentrationstechniken können, wenn sie ausreichend beherrscht werden, zur Beruhigung eingesetzt werden. Sie können »Ihr« Mantra verwenden oder auch einen Punkt fixieren, sich auf eine Zahl konzentrieren oder Ihre Gedanken sammeln.
Eine gute Möglichkeit z. B. für ermüdete Augen und kognitive Erschöpfung ist das sogenannte »Palmieren«. Setzen Sie sich bequem hin. Reiben Sie die Handinnenflächen mit schnellen Bewegungen aneinander (palmieren, von palma = die Handinnenfläche), bis diese warm sind. Neigen Sie dann den Kopf leicht nach vorne und legen Sie die Hände in einer Kuhle ineinander und so – leicht gewölbt – über die Augen. Achten Sie darauf, daß Sie nicht auf die Augäpfel drücken und die Nase frei lassen, um eine ungehinderte Atmung zu ermöglichen. So bilden die Innenflächen Ihrer Hände eine Höhle für die Augen, ohne sie zu berühren. Schließen Sie die Augen und lassen Sie sie in der Dunkelheit ruhen. Atmen Sie entspannt weiter und genießen Sie den Unterschied zu Licht, Kontrasten und Farben, diese Art des »Schwarzsehens«.

Informationsblatt für Tn/Kl

Beispiele für Spontanentspannung auf den vier Verhaltensebenen

• *Muskuläre Ebene* – Systematische Muskelentspannung	Beispiele • Fäuste kurz anspannen • Schultern und dann • Nacken entspannen • Gesicht
• *Vegetative Ebene* – Autogenes Training	1–6x: • Ruheformel • Schwereformel • Wärmeformel
– Atemübungen	• OM-Übung • rhythmisch atmen • atmen mit Wortwiederholung
• *Emotionale Ebene* auch als Wahrnehmungslenkung anwendbar	• Kurzvorstellung einer angenehmen Situation, die möglichst viele Sinne anspricht
• *Kognitive Ebene* auch als Wahrnehmungslenkung anwendbar	• Konzentration auf einen inneren oder äußeren Reiz, z. B. Wiese, Strand, Punkt fixieren • Mantra • Palmieren

6.2 Kombinationsmöglichkeiten

6.2.1 Hintergrundinformationen

Stressor
↓
Sensibilisierung (rechtzeitige Wahrnehmung der Streßreaktion)
↓
Stoppen der Aufschaukelung
↓
Kombination von Techniken der kurzfristigen Erleichterung
↓
Bewältigungsversuch/Ertragen der Situation
↓
Effektivitätskontrolle

Ablauf der kurzfristigen Erleichterung

6.2.2 Lernziele

Die Tn/Kl

- wissen, daß Kombinationen von Techniken der kurzfristigen Erleichterung sinnvoll sind
- können Techniken der kurzfristigen Erleichterung für eigene Belastungssituationen maßgeschneidert kombinieren.

6.2.3 Ablauf

Informationen für Tn/Kl

Zur Veränderung einer Belastungssituation können mehrere erregungsreduzierende Techniken zusammen oder nacheinander eingesetzt werden. Dies erhöht den Effekt. Wird man von seinem Vorgesetzten kritisiert, kann man sich zunächst entspannen und sich dann durch selbstermutigende Äußerungen wieder aufbauen.

Wenn die Tn/Kl feststellen, daß sie eine oder mehrere kurzfristige Erleichterungstechnik(en) sehr häufig in bestimmten Situationen einsetzen, sollen sie folgende Überlegung anstellen: Ist im Sinne der Ökonomie statt dessen oder zusätzlich eine langfristige Bewältigung (Veränderung der Einstellung oder der streßauslösenden Bedingungen) angebracht?

Denn die kurzfristige Erregungsreduktion ist in erster Linie für momentane, nicht vermeidbare/veränderbare Situationen gedacht, nicht aber für Dauerprobleme, die man lösen sollte. So kann man zwar bei ständigen Ehekonflikten die Erregung oder Wut bei der Auseinandersetzung mit dem Partner drosseln, um Eskalationen zu verhindern. Sehr viel wichtiger aber ist die grundlegende Veränderung der streitauslösenden Faktoren.

Im Beruf wird man häufig mit nicht vorhersehbaren Belastungssituationen konfrontiert. Beim Training für Polizeibeamte stellten die Techniken der kurzfristigen Erleichterung einen wesentlichen Bestandteil des Übungsprogrammes dar. Der Polizeibeamte kommt ständig in Situationen, in denen er nicht von vornherein mit unangenehmen Ereignissen rechnen muß und soll (z. B. Radarkontrolle: nur wenige Autofahrer beschimpfen den Beamten). Wenn diese dann auftreten, ist es wichtig, daß er die Erregung schnell und unauffällig kontrolliert, denn Eskalation sollte hier unbedingt vermieden werden.

Einige Beispiele für die Kombination verschiedener Techniken

Situation	*Anwendung*		*Technik*
Ärger	Schultern hochziehen, an- und entspannen,	→	muskuläre Spontanentspannung
	dabei Schultern fallen und den Ärger, die Wut abgleiten lassen	→	emotionale Abreaktion
	»Ich werde in Ruhe darüber sprechen«	→	umstrukturierendes Selbstgespräch
Termindruck	Punkt fixieren und sammeln	→	kognitive Spontanentspannung
	»Du wirst es schaffen«	→	selbstermunternde Instruktion
	»eines nach dem anderen«	→	selbstinstruierendes Selbstgespräch
Verkehrsstau	kurz schimpfen oder stöhnen (wenn man alleine im Auto sitzt)	→	emotionale Abreaktion
	ausatmen	→	vegetative Spontanentspannung
	Musik/ Radio hören Fußgänger/andere Autofahrer beobachten	→	innere Wahrnehmungslenkung
Vortrag/ Präsentation	Gesicht entspannen	→	muskuläre Spontanentspannung
	langsam ausatmen	→	vegetative Spontanentspannung
	»Ich beginne ruhig, laut und freundlich zu sprechen«	→	selbstinstruierendes Selbstgespräch
Streit	»Stopp«	→	selbstinstruierendes Selbstgespräch
	»Du schaffst es, sachlich zu bleiben«	→	selbstermunternde Instruktion
	Kurz den Raum verlassen	→	äußere Wahrnehmungslenkung

6.3 Wahl des geeigneten Interventionszeitpunkts

6.3.1 Hintergrundinformationen

Wichtig ist die Wahl des richtigen Zeitpunktes. Die Techniken der kurzfristigen Erleichterung sollen möglichst frühzeitig eingesetzt werden. Je höher die momentane Erregung ist, desto geringer die Transferchance (Blackout).

6.3.2 Lernziele

Die Tn/Kl

- wissen um die Bedeutung des richtigen Interventionszeitpunktes, um Eskalation bei sich zu vermeiden
- wissen, daß es mehrere mögliche Interventionszeitpunkte gibt
- erleben hierdurch Freiheitsgrade
- wissen, daß frühzeitige Intervention sinnvoll und einfach durchzuführen ist
- können in ihren Handlungsabläufen Interventionszeitpunkte bestimmen
- können Alternativhandlungsketten erstellen.

6.3.3 Ablauf

Der richtige Interventionszeitpunkt
Zur praktischen Anwendung der kurzfristigen Erleichterung wird mit Tn/Kl eine Handlungskette erstellt und mögliche Interventionszeitpunkte sowie geeignete Techniken der kurzfristigen Erleichterung werden erarbeitet.

Beispiel 1:

Warteschlange an der Kasse des Supermarktes kurz vor Ladenschluß

↓

Ärger und negative Gedanken: »Das dauert wieder ewig – vergeudete Zeit.«

↓

Hektisches Verhalten: Vergleich mit Warteschlange nebenan – wo geht es schneller? Blick zur Kasse: Wer trödelt, hält auf, hat sein Geld nicht bereit?

↓

Zunehmender Ärger: »Diese Idioten stehen stundenlang rum und finden dann ihr Kleingeld nicht.«

↓

Schwitzen, roter Kopf, Gereiztheit, Streit mit Hintermann wegen zu dicht aufgefahrenem Wagen.

↓

An der Kasse: fahrige Bewegungen, unfreundliches Verhalten gegenüber der Kassiererin.

↓

Beim Einpacken: unkonzentriert, hektisch: Der Karton mit den Eiern wird zerquetscht.

»Stopp! Bleib ruhig, was sind schon 10 Minuten? Ich werde sie nutzen: (positives Selbstgespräch)

↓

Lesen einer gekauften Zeitschrift (Wahrnehmungslenkung)

↓

Entspannen und die komische Seite sehen: »Warum regt sich der/die so auf?«

↓

Ruhe, Konzentration (der Eierkarton bleibt heil)

Streßablauf ⟶

möglicher Interventionszeitpunkt - - - - - - →

Beispiel 2:

Mitteilung der Sekretärin	Anruf des Kunden A »er will mit Ihnen über eine Panne sprechen«	
Gedanken	»Du liebe Zeit, was ist da schon wieder passiert!«	»Stopp!« Positives Selbstgespräch »Bleib ruhig, erst mal abwarten.«
Handlung	Griff zum Telefon	Entspannung beim Griff zum Telefon
Gedanken	»Jetzt reicht's, der ist doch schuld an seinen Pannen!«	»Ich werde das Problem sachlich und ruhig besprechen und endgültig aus der Welt schaffen.«
Gefühle	Ärger/ Aggression	
Gedanken	eingeschränkte Wahrnehmungsfähigkeit	
Handlung	eigene Unsachlichkeit, Unfähigkeit zuzuhören	

Streßablauf ⟶

möglicher Interventionszeitpunkt - - - - - ->

Beispiele für Handlungsketten

6.4 Handlungsproben zur kurzfristigen Erleichterung

6.4.1 Hintergrundinformationen

Handlungsproben zur kurzfristigen Erleichterung sind Transferübungen/kurzes „Rollenspiel" zur konkreten Umsetzung der erlernten Techniken. In einem Streßverhaltenstraining sollten sie eine zentrale Rolle einnehmen, und möglichst alle Tn/Kl sollten eine eigene Handlungsprobe entwickeln und durchführen. Besonders wichtig ist die detaillierte Beschreibung der individuellen Situation und des konkreten Zielverhaltens sowie die Bestimmung des Interventionszeitpunktes. Einige Tn/Kl demonstrieren ihre beabsichtigte Vorgehensweise.

6.4.2 Lernziele

Die Tn/Kl

- kennen Handlungsproben als Transfermethode zum Einsatz der kurzfristigen Erleichterung
- können Handlungsproben zu ihren persönlichen Belastungssituationen erstellen und durchführen
- können entscheiden, welche Techniken sie selbst in welchen Situationen anwenden werden
- können dazu Einsatzpläne entwickeln
- beobachten andere Tn/Kl bei der Durchführung ihrer Handlungsproben
- können konstruktiv Feedback geben
- lernen aus den Praxisbeispielen der anderen Tn/Kl

6.4.3 Ablauf

1. Schritt:

Tr/Th demonstriert mit einem von ihm/ihr bestimmten Tn/Kl eine kurze Handlungsprobe aus dem Bereich der Tn/Kl oder auch häufig auftretende und damit vertraute Streßsituationen (Zahnarztbesuch, Warteschlange, Vortrag) (Dauer ca. 1–3 Minuten). Danach wird im Plenum anhand der Bestimmungsstücke ein Tn-Beispiel erarbeitet und als »Drehbuch« auf dem Flip oder an der Tafel festgehalten.

Bestimmungsstücke

– *Situation*
An dieser Stelle wird nur eine kurze Überschrift für die gewählte Situation notiert.

– *Schwierigkeitsgrad*
Auf einer Skala von 1–6 legt Tn/Kl fest, wie belastend die Situation und wie schwierig dementsprechend die Bewältigung ist.

– *Zeit und Ort*
Hier wird möglichst detailliert und konkret festgelegt, wo und wann die Situation spielt. Je genauer dies erfolgt, desto besser kann sich der/die Übende in die Situation versetzen und desto größer ist der Übungsgewinn.

– *Partner*
Es wird eine kurze Beschreibung des oder der eventuellen Partner gegeben, die namentlich benannt werden, mit dem oder mit denen der/die Übende in der Situation in Beziehung tritt, z. B. ob es jemand ist, der sehr aufgeregt ist, Verständnis zeigt, aggressiv auftritt usw. Eine möglichst genaue Beschreibung ist hilfreich, damit die Übungspartner sich realitätsnah verhalten.
Der Übende wählt sich die Übungspartner unter den übrigen Kursteilnehmern selbst aus, da nur er/sie entscheiden kann, wer dem Partner in der Realität am ähnlichsten ist.

– *Handlung*
Kurzbeschreibung (evtl. in einer Handlungskette), was sich in der betreffenden Situation alles ereignet. Wesentliche Dialoge werden in wörtlicher Rede formuliert. Dies bedeutet nicht, daß diese Passagen später in der Handlungsprobe wörtlich wiedergegeben werden müssen. Geringfügige Änderungen aus der Situation heraus sind manchmal sinnvoll.

– Partnerverhalten

Über die allgemeine Beschreibung des Partners hinaus wird festgelegt, wie er/sie sich konkret in der vorliegenden Situation zu verhalten hat. Es muß sich dabei nicht um das Verhalten handeln, das der Übende in der betreffenden Situation tatsächlich erlebt hat, sondern um eines, das dem o. a. Schwierigkeitsgrad entspricht. D. h., man kann sich den Spielpartner auch zunächst weniger streßauslösend konstruieren, z. B. »er bleibt ganz ruhig« und erst schrittweise an das tatsächliche Verhalten »er schreit los« heranarbeiten. Wesentliche Dialoge werden in direkter Rede vorformuliert.

– Zielverhalten/Technik

Hier wird konkret und detailliert festgelegt, welche (Kombination von) Technik(en) Tn/Kl einsetzen möchte. Es sollte also nicht nur die Technik benannt werden (»Ich werde Selbstgespräche führen«), sondern die Vorgehensweise muß inhaltlich konkret und in Ichform ausgedrückt werden (Positives Selbstgespräch: »Ich bin gut vorbereitet, bisher habe ich es immer geschafft.«)

Um die Wahrnehmung auf die Bewältigung der Belastung zu lenken, ist es sinnvoll, die Technik in einer anderen Farbe zu notieren.

Ob die jeweilige Situation in der Realität tatsächlich genau so ablaufen wird, ist zunächst unwesentlich. Erst wenn der/die Übende sich sicher genug fühlt, soll die Situation so gespielt werden wie in der Realität erwartet.

2. Schritt:

Wenn alle Bestimmungsstücke definiert sind, das Zielverhalten als »Trockenübung« erprobt und die nötigen Partner aus dem Tn-Kreis vom Rollenspieler ausgesucht wurden, werden eventuelle Requisiten (Stuhl, Schreibtisch etc.) bereitgestellt. Tr/Th liest nochmals das »Drehbuch« vor, Tn/Kl (und eventuelle Partner) spielt die Situation in der Mitte des Tn-Kreises. Tn/Kl sagt laut »Stopp« und führt beim vorher festgelegten Interventionszeitpunkt dann die gewählte Technik (laut gesprochen und deutlich demonstriert) durch.

Tr/Th fungiert notfalls als »Souffleur« und hält sich zur eventuellen Hilfestellung in der Nähe des Tn/Kl auf. Direkt nach Einsatz der Technik wird durch Klatschen abgebrochen, und es folgt die Feedback-Runde.

3. Schritt:
Feedback-Runde: Die Spieler setzen sich zurück in die Tn-Runde. Der/die SpielerIn selbst, danach die Gruppenteilnehmer und zuletzt Tr/Th geben konstruktive Rückmeldung für die Durchführung des Verhaltens (nicht für Partnerverhalten etc.).
Danach wird die Handlungsprobe entweder einigen Vorschlägen entsprechend modifiziert oder aber unverändert zur Etablierung des Verhaltens wiederholt. Wichtig ist hier, daß keine Verzögerungen durch langfristige Feedback-Runden oder Kaffeepausen entstehen. Insgesamt sollte die gesamte Sequenz zwischen einer halben und maximal einer Stunde dauern.

4. Schritt:
Für die Erarbeitung von persönlichen Handlungsproben in individueller Einzelarbeit oder Lernpartnerschaft suchen die Tn/Kl je eine persönliche Belastungssituation aus ihrer Stressorenliste, in der sie eine oder mehrere der kurzfristigen Techniken einsetzen wollen. Endziel ist jeweils ein fertiges Drehbuch.

5. Schritt:
Die Handlungsproben werden nacheinander (bei größeren Gruppen parallel in zwei begleiteten Kleingruppen) durchgeführt.

6. Schritt: (Hausaufgabe)
Als Hausaufgabe soll das erlernte Verhalten – evtl. auch in ähnlichen Situationen (Generalisierung) – erprobt werden.

Arbeitsblätter für Tn/Kl

Handlungsprobe zur kurzfristigen Erleichterung

Beispiel:

Situation	Zahnarztbesuch
Schwierigkeitsgrad 1–6	4
Zeit/Ort	Dienstag, 9.15 Uhr, Praxis Dr. X., Wartezimmer
Partner	Dr. X. Sprechstundenhilfe Fr. S. ein mir fremder Patient (ca. 40 Jahre)
Handlung (kann auch als Handlungskette beschrieben werden (s. o.)	Ich habe bereits zwei schmerzhafte Eingriffe hinter mir und stehe jetzt vor der nächsten (letzten) Operation. Das Wartezimmer ist voll. Die meisten Leute sind nervös. › Ich warte 10 Minuten. Ich bin die nächste Patientin. › › Nun öffnet Dr. X die Tür. Ich bekomme ein flaues Gefühl im Magen und … (die weiteren Streßsymptome werden hier nicht mehr geschildert, da der Interventionszeitpunkt spätestens hier einzusetzen ist)
Partnerverhalten	Dr. X. ist angespannt (viele Patienten). – Fr. S. lächelt. – Mitpatient wirkt erleichtert (hat die Behandlung hinter sich, wartet auf Röntgenbild) und schaut mich an.
Zielverhalten/Technik	Beim ersten gewählten Interventionszeitpunkt: › *Spontanentspannung:* Ich entspanne meine Hände und *Wahrnehmungslenkung:* Ich atme bewußt aus unterhalte mich mit dem Mitpatienten über das Wetter. Beim zweiten gewählten Interventionszeitpunkt: › › bei Wahl: *Spontanentspannung:* s. o. *Positives Selbstgespräch:* »Das ist der letzte Eingriff. In einer halben Stunde ist es vorbei. Ich werde mich entspannen, dann überstehe ich es gut.«

› = erster gewählter Interventionszeitpunkt für eine Handlungsprobe

› › = zweiter gewählter Interventionszeitpunkt für eine Handlungsprobe

Handlungsproben

Situation	
Schwierig-keitsgrad 1–6	
Zeit/Ort	
Partner	
Handlung	
Partner-verhalten	
Zielverhalten/ Technik	

7. Langfristige Streßbewältigung

Langfristige Veränderung:

Entspannung Problemlösung Einstellungsänderung Zufriedenheitserlebnisse Kontakte (Aufbau von Fertigkeiten)

Alle hier genannten Techniken, außer dem Aufbau von Fertigkeiten, werden im folgenden beschrieben. Dieser letzte Punkt sollte möglichst exakt auf den Bedarf der jeweiligen (homogenen) Zielgruppe zugeschnitten sein.

Bei unserem Training für Polizeibeamte war das die Verbesserung von kommunikativen Fertigkeiten

a) zur individuellen Streßbewältigung

b) zur Verbesserung der Interaktion mit dem Bürger (in einer zusätzlichen 4. Woche), da hierfür, wie sich zum Beispiel in der Analyse von Bürgerbeschwerden und der das Streßverhaltenstraining begleitenden Evaluation zeigte, hoher Bedarf bestand.

Weitere – häufig defizitäre – Fertigkeiten für die Verbesserung der Streßkompetenz können je nach Zielgruppe sein:

Kommunikation

- rhetorische Fähigkeiten
- angriffsfreie Darlegung eigener Wünsche
- (aktiv) zuhören

Soziale Kompetenz

- fordern
- nein sagen
- durchsetzen

Führung

- motivieren
- delegieren
- kontrollieren
- beurteilen

7.1 Entspannungstechniken

7.1.1 Die Techniken im Überblick

7.1.1.1 Hintergrundinformationen

Systematische Entspannungsmethoden sind Grundlage der Erregungsreduktion und führen zum Abbau funktioneller Beschwerden und zu emotionalen Effekten, wie Loslassen, Gelassenheit, Ruhe, Erholung, Öffnung neuen Erfahrungen gegenüber. Beide Effekte sind wichtig, Entspannung bedeutet nicht nur physiologische Lockerung der Muskulatur, sondern auch eine innere Haltung. Sie haben eine palliative Funktion, d. h. sie mildern Symptome, ohne die Ursachen zu beheben. Sie setzen am Organismus (O) an. Wenn Entspannung beherrscht wird, können Spontanentspannungstechniken abgeleitet werden.

Wirkung:

Unmittelbare Wirkungen der Übungen sind z. B.: abnehmender Sauerstoffverbrauch, reduzierte Herzfrequenz, gesenkter Blutdruck, verbesserte Hautdurchblutung u. a. Ebenso wird der Spiegel von bestimmten Hormonen im Blut abgesenkt. Insgesamt ist zu beobachten, daß der Körper in einen Ruhezustand mit vermindertem Energieverbrauch versetzt wird (vgl. Benson, 1975, Howald, 1989, Berbalk, 1984).

Langfristig konnte nachgewiesen werden, daß die Angstbereitschaft abnimmt, der Belastbarkeitspegel steigt und positive Veränderungen in der Selbsteinschätzung u. a. auftreten (vgl. Benson, 1975, Vaitl, 1978).
Ausgangsbasis ist die progressive Muskelrelaxation nach Jacobson, kombiniert mit einer selbstsuggestiven Reise durch die Muskelpartien *(konzentrative Entspannung)*. Das Autogene Training nach Schulz und Atemübungen werden als Aufbautechniken vermittelt, um die vegetative Ebene gezielt ruhig zu stellen.

Progressive Muskelentspannung

Entwickelt wurde die Progressive Muskelentspannung in den 30er Jahren von Edmund Jacobsen (vgl. Bernstein und Borkovec, 1982). Bei diesem Verfahren wird die Erkenntnis genutzt, daß muskuläre Spannungen mit den vegetativen und zentralnervösen Prozessen verknüpft sind, die für die Steuerung der Streßreaktion zuständig sind. Wird die muskuläre Spannung abgebaut, bewirkt dies Entspannung.
Über eine zeitweise aktiv verstärkte Anspannung von Muskelgruppen erfolgt bei der Methode der Progressiven Muskelentspannung daraufhin eine tiefe Entspannung der Muskulatur. Die Tn/Kl lernen, Entspannung und Anspannung gezielt voneinander zu unterscheiden. Durch diesen Zyklus Anspannung–Entspannung, der nacheinander fortschreitend (= progressiv) auf alle Muskelgruppen des Körpers angewendet wird, entsteht Entspannung zunächst auf der muskulären und dann auf allen Verhaltensebenen.
Ein Hinweis auf von fast allen Krankenkassen angebotene Rückenschulen oder auch das Durchführen einiger Übungen im Training (wenn Tr/Th über ausreichende Qualifikationen verfügt), empfiehlt sich, da viele Tn/Kl unter Rückenschmerzen leiden.
Eine weitere Alternative bzw. Ergänzung zur systematischen Muskelentspannung bietet Hatha-Yoga, die Lehre von der Körperbeherrschung mit Dehnungs- und Entspannungsübungen, z. B. die Asana-Reihe von Rishikesh (siehe Lysebeth, 1979).

Autogenes Training

Beim Autogenen Training handelt es sich um eine autosuggestive Methode auf der Grundlage der Selbsthypnose. 1932 von J. H. Schultz entwickelt, zählt sie seither zu den im deutschsprachigen Raum am weitesten verbreiteten Entspannungsmethoden (vgl. Schultz, 1976).
Vegetative Entspannung wird in der Grundstufe des Autogenen Trainings vermittelt, eher meditativen Charakter haben die Übungen der Oberstufe.
Ein weiterer Weg zur vegetativen Entspannung ergibt sich über die *Atmung*. Deshalb werden aufbauend auf Muskelrelaxation auch Atemtechniken vermittelt.

Phantasiereisen und nach innen geschaute Bilder

Damit werden Methoden bezeichnet, die zur emotionalen Entspannung (mit oder ohne Musik) und zur Anregung – beispielsweise im Rahmen einer Therapie – von Selbstreflektionsprozessen dienen. Nach innen geschaute Bilder sind intensive positive Imaginationen, bei denen alle Sinne in Richtung Streßreduktion miteinbezogen werden.

Meditative Verfahren

Zu den meditativen Verfahren zählen vielfältige und unterschiedliche Methoden, z. B. die aus dem Buddhismus stammende Vipassana-Meditation oder die Za-Zen-Methode, sowie Transzendentale Meditation.
Ungeachtet der oft weitreichenden spirituellen Hintergründe sollen hier die spezifischen Techniken der Meditation zur Ausführung kommen. In ihrer praktischen Anwendung haben sie im wesentlichen die gleichen Effekte wie das Autogene Training und die Progressive Muskelentspannung.
US-Therapeuten haben aus diesen Ursprüngen zum Teil Meditationsverfahren entwickelt, die von fernöstlichen ideologischen bzw.

religiösen Wertvorstellungen frei sind. Dazu zählen beispielsweise die »Clinical Standardized Method« von Carrington (1987) oder die »Atemmeditation« von Benson (1975).

Zu den zentralen Wirkfaktoren zählen: die Konzentration auf einen bestimmten Reiz (z. B. ein Wort, wie bei der Transzendentalen Meditation, oder einen körperlichen Reiz, z. B. den Atem bei der Vipassana-Meditation), die körperlich bequeme Haltung, das passive Geschehenlassen und die (äußerliche) Ruhe. Bei der Za-Zen-Meditation ist das Sitzen selbst der »Anker« für die Konzentration.

Auf dem Markt existieren zudem viele Musikmeditationskassetten und -CDs.

Weitere unterstützende systematische Maßnahmen zur Entspannung

Viele Tn/Kl praktizieren weitere Maßnahmen oder Techniken, die sich zur Entspannung eignen. Dazu gehören beispielweise:

- T'ai Chi Chuan
- Qi Gong
- Yoga
- Rückenschule
- Stretching
- Massagen
- richtige Ernährung
- ausreichend Sauerstoff (Bewegung in frischer Luft)
- ausreichender Schlaf
- Sport:
  - Herz-Kreislauf-Training
  - Sportarten, bei denen eine korrekte Körperhaltung und ökonomische Bewegungsabläufe im Mittelpunkt stehen (z. B. asiatische Kampfkünste, Tanzen, Bogenschießen)
  - Die Intention des Sportbetreibenden sollte ein Ausgleich zum Alltagsstreß sein. Vorsicht bei überzogenem Wettbewerbsgedanken, speziell bei Typ-A-Personen!

Ungeeignete Mittel zur Streßbewältigung

Verfahren, bei denen das Individuum sich selbst nicht aktiv an der Streßbewältigung beteiligt, das heißt bei denen die Verantwortlichkeit für den Umgang mit den Streßgeschehen von der betroffenen Person weg, nach außen verlagert wird, dienen nur scheinbar einer Streßbewältigung. Hier sind vor allem jene Angebote gemeint, die von psychologisch-wissenschaftlicher Seite auch im Zusammenhang mit allgemeinen psychischen und körperlichen Belastungen als keine echte Problemlösung zu betrachten sind. Dazu gehören »Problemlösungsmethoden«, die im esoterischen Bereich angesiedelt sind, etwa Geistheilungen, Amulette oder Aurabeeinflußung etc.

Wirkung

Alle systematischen Entspannungsübungen führen

- zu einer Senkung des Erregungsniveaus
- zu einer Erhöhung der Belastbarkeit
- zum Abbau von bereits bestehenden psychosomatischen Beschwerden (wie Spannungskopfschmerz, Herz-Kreislauf-Störungen etc.).

Sie können auf verschiedene Weise eingesetzt werden:

- man kann sie gut mit anderen langfristigen und kurzfristigen Streßbewältigungsmaßnahmen kombinieren und erhöht so deren Effekt.
- Kurzformen der Entspannung lassen sich als *Sofortmaßnahmen* in der akuten Streßsituation verwenden.

Aufbau der Übungen bezogen auf die Verhaltensebene

muskulär:	– konzentrative Muskelentspannung
	– progressive Relaxation (Lang-/Kurzform)
	– muskuläres Training und Tiefentraining
vegetativ:	– Autogenes Training
	– Atemtechniken

emotional: – Phantasiereisen
– suggestive Musik
kognitiv: – Meditation

Die konzentrative Muskelentspannung, die systematische Entspannung der Gesamtmuskulatur und alle sechs Übungsschritte der Grundstufe des Autogenen Trainings sind auf einer für Tn/Kl von der Autorin besprochenen Übungskassette (DM 25,–) zusammengestellt. (Bezugsquelle: Institut für Mensch und Management, Zehentbauernstraße 19, 81539 München)

7.1.1.2 Lernziele

Die Tn/Kl
- wissen, daß es verschiedene Wege zur systematischen Entspannung gibt
- kennen den hier beabsichtigten Aufbau
- wissen um die Bedeutung von systematischer Entspannung
- kennen weitere sinnvolle Möglichkeiten zu entspannen.

7.1.1.3 Ablauf

Tn/Kl sollte eine Wahlmöglichkeit ihrer bevorzugten Kombination von Techniken im Sinne selbständiger Streßbewältigung gegeben werden.
Vorrangiges Ziel ist jedoch das sichere Beherrschen der Muskelrelaxation.
In den letzten Sitzungen können die Übungen auch mit Phantasiereisen und (Musik-)Meditation gekoppelt werden. Wichtig ist hierbei die Lenkung auf positive Ruhe-Imaginationen.

Vorbereitung für die Entspannung

Übungsort: Wenn möglich extra Entspannungsraum, ruhig, nicht zu kühl, Störungen weitgehend ausschalten (Telefon usw.). Anfangs empfiehlt es sich, immer am gleichen Ort zu üben, deshalb behalten Tn/Kl ihren Platz/ ihre Decke, es sei denn, etwas stört.

Umfeld: Hotelpersonal, andere Tn/Kl (wenn in der Praxis geübt wird) etc. informieren, daß nicht gestört werden soll.
Medien: Evtl. mit Tonträger arbeiten, damit Tn/Kl für zu Hause Übungskassetten mitnehmen können und damit Text der Lerntheorie entsprechend immer im gleichen Tempo etc. gesprochen ist, keine Versprecher auftauchen und Tr/Th die Übenden besser beobachten kann.
Häufigkeit: 1–2x täglich bei Kompaktseminaren, ansonsten in jedem Kursabschnitt (z. T. nur sehr kurz)
Kleidung: Bequem und locker, störendes Zubehör (Schmuck, Brille) entfernen, enge Gürtel bzw. Bund lösen, Hemdkragen lockern.
Innere Vorbereitung: Augen schließen und Gedanken wandern lassen, Konzentration auf den Körper lenken und das Gefühl der Ruhe instruieren, evtl. Vorformeln benutzen:

»Ich bin ganz ruhig.«
»Ich bin vollkommen ruhig und gelassen.«

Wenn störende Gedanken auftreten, sollten Tn/Kl diese beiseite schieben mit der Selbstaufforderung:

»Nicht jetzt, später«

oder sich vorstellen, diese in eine große Truhe zu legen und den Deckel zu schließen.

Verschiedene Körperhaltungen

1. Liegen

Für die meisten Menschen ist die Entspannung im Liegen am angenehmsten und leichtesten zu erlernen:

- bequem auf einer nicht zu harten Unterlage
- entspannt auf dem Rücken liegen
- Knie ein wenig anwinkeln
- Füße locker auseinanderklappen lassen
- Arme mit leicht gebeugten Ellenbogen liegen lassen
- Handflächen zeigen nach unten
- Finger berühren einander nicht
- bei Nackenverspannung ein Kissen/Rolle unter den Nacken legen.

2. Lehnstuhlhaltung

- Stuhl mit hoher Lehne benutzen
- ganzen Rücken bequem anlehnen
- Unterarme ruhen bequem auf den Seitenlehnen
- Ellenbogen stumpf anwinkeln
- Füße stehen mit voller Sohle auf dem Fußboden mit leicht nach außen gewinkelten Fußspitzen
- Ober- und Unterschenkel stehen im rechten Winkel
- Knie fallen leicht nach außen.

3. Droschkenkutscherhaltung

- Auf dem vorderen Teil des Stuhles nach vorherigem Aufrechtsitzen in sich zusammensacken lassen
- stehen die Füße voll auf dem Boden
- die Hände hängen locker zwischen den Beinen herunter
- die Unterarme liegen auf
- der Kopf hängt locker nach vorne
- der Rücken bildet einen »Katzenbuckel«
- die Hände berühren sich nicht.

Sie empfehlen sich dann, wenn keine Möglichkeit zum Liegen besteht oder wenn bei einzelnen Tn/Kl z. B. durch Wirbelsäulenschäden beim Liegen dauerhafte Schmerzen auftreten, und als zusätzliche Übungsform für breiteren Transfer.

Checkliste für Tr/Th

Entspannungsinstruktion

- Raum verdunkeln
- Tn/Kl auf Decken oder Matten (jeder behält seine Decke!) legen lassen
- in die Runde schauen und Tn/Kl beobachten
- längere Pausen zwischen den einzelnen Entspannungsinstruktionen einhalten
- Pausen gleich lang halten
- gleichmäßiges Sprechtempo

- ruhig und in gleichmäßiger Lautstärke sprechen
- anfangs die Entspannung frühzeitig zurücknehmen lassen, später den Zeitpunkt den Tn/Kl selbst überlassen
- immer am gleichen Ort sitzend instruieren; nicht zwischen den Tn/Kl sitzend – am besten leicht erhöht (Akustik!)
- Störungen vorher ausschalten (Telefon abstellen, »Bitte-nicht-stören«-Schild an die Tür).

Checkliste für Tr/Th

Rückmelderunde nach der Entspannungsübung

- Sich in den Kreis der Tn/Kl setzen.
- Tn/Kl sitzen bei noch verdunkeltem Raum auf ihrer Decke.
- Fragen an Tn/Kl und Anmerkungen werden in ruhigem und entspanntem Tonfall besprochen.
- Blickkontakt zum gerade befragten Tn/Kl
- Tn/Kl wird Verständnis signalisiert (z. B. durch Nicken oder durch die Worte »sehr schön«, »ja«, »danke«).
- Die Ausführungen der Tn/Kl werden möglichst nicht unterbrochen.
- Nachfragen besonders bei »Wortkargen«.
- Positives wird verstärkt, Negatives gelöscht oder konstruktiv umformuliert.
- Speziell am Anfang immer etwas Positives für Tn/Kl herausstellen.
- Tn/Kl werden bezüglich der Sensibilität und der Wahrnehmungen von An- und Entspannung geschult.
- Fragen nach Inhalten, Theorie, Allgemeinem ruhig, aber bestimmt zurückstellen.
- Die Tn/Kl können ihren Entspannungszustand auf einer Skala von 0 bis 100 einschätzen.
- Lachen etc. »löschen«.
- »Störer« z. B. durch Blickkontakte oder Anheben der Stimme zur Ruhe bringen; notfalls müssen sie angesprochen werden.
- Bei der Rückmelderunde alle Tn/Kl konsequent der Reihe nach abfragen; die Reihenfolge wechseln.

7.1.2 Muskuläre Entspannung

7.1.2.1 Hintergrundinformationen

Als Einstieg in Aktive Entspannung ist die Muskulatur meist der günstigste Ansatzpunkt. Besonders für aktive Tn/Kl, z. B. Typ A. Es ist recht einfach, die Muskeln *willkürlich* in ihrem Spannungsgrad zu beeinflussen (durch an- und entspannen) und man *tut* etwas.

Nacheinander werden folgende Muskelpartien zunächst an- und dann wieder entspannt:

1. Hände
2. Unterarme
3. Oberarme
4. Schultern und Nacken
5. Rücke
6. Gesicht
7. Vorderhals
8. Brust
9. Bauch
10. Gesäß
11. Oberschenkel
12. Unterschenkel
13. Füße.

Mögliche Lernabfolge

1. Schritt

- konzentrative Entspannung.

2. Schritt

- Systematische Entspannung der Gesamtmuskulatur (Progressive Relaxation nach Jacobson)
  – Arme und Hände
  – Nacken, Schultern, oberer Rücken und Gesicht

– Brust, Bauch und unterer Rücken
– Beine und vollkommene Körperentspannung.

3. Schritt
- Kurzentspannung der Gesamtmuskulatur (Embryo) (evtl. kombiniert mit Schritt 1)
- Systematische Entspannung einzelner Muskelpartien
- Muskuläres Tiefentraining.

4. Schritt
Wenn Tr/Th über derartige Kenntnisse verfügt:
- evtl. Übungen aus der Rückenschule
- evtl. Übungen aus Hatha-Yoga.

7.1.2.2 Lernziele

Die Tn/Kl

- erleben An- und Entspannung
- beobachten sich
- entwickeln Körperbewußtsein
- werden ruhig
- haben eine Grundlage für spätere Übungen
- regenerieren
- werden mit Entspannungsgefühlen zunehmend vertraut
- erleben, daß Muskelentspannung auch in kurzer Zeit erreicht werden kann
- können selbständig Muskelentspannung herbeiführen
- erleben eine Alternative zur Langform
- kennen Aktivierungsübungen
- werden wach(er)
- erleben Lockerung im Nackenbereich und im oberen Rücken
- kennen die Effekte dieser Übung und deren Einsatzmöglichkeiten
- beobachten, welche Übungsabfolge ihnen am ehesten entspricht.

7.1.2.3 Ablauf

Informationen für Tn/Kl

Methode und Wirkung

Man lernt, die Entspannung herbeizuführen, indem man zunächst die einzelnen *Spannungsgrade* der Muskelgruppen *beobachtet*. Dazu vergleicht man den angespannten und den entspannten Zustand jeweils einer einzelnen Muskelgruppe.
Man spannt zunächst nur leicht an, achtet dabei genau auf die Empfindungen und läßt dann locker und achtet wieder genau auf die Empfindungen. So lernt man, immer feinere Unterschiede wahrzunehmen und kann die jeweilige Muskelgruppe von Versuch zu Versuch immer tiefer entspannen.
Durch die anfängliche Anspannung lernt man auch, die mit beginnender Belastung verbundenen Verspannungen schneller und besser wahrzunehmen.
Sie gehen in der Übung nacheinander alle wichtigen Muskelgruppen des Körpers einzeln durch, bis der ganze Körper entspannt ist. Tiefe *Muskelentspannung* ist eine *Fertigkeit*, die man erlernen kann und die es einem dann ermöglicht, Belastungsgefühlen entgegenzuwirken. Man kann nur entweder unruhig oder entspannt sein – aber nicht beides gleichzeitig. Wenn man sich in den kritischen Situationen früh genug entspannt, kann man Streßreaktionen abschwächen oder verhindern. Dazu muß man aber zunächst diesen tiefen Zustand der Entspannung herbeiführen können.
Entspannung ist eine Fertigkeit wie viele andere. Fertigkeiten (z. B. Skifahren) erlernt man durch *regelmäßiges Training*. Meist treten dabei immer wieder Phasen auf, in denen es keine Fortschritte gibt, lassen Sie sich davon nicht entmutigen!
Wenn die körperliche Entspannung »auf Kommando« (»Spontanentspannung«) hervorgerufen werden kann, ist es möglich, in bestimmten Situationen weniger nervös, gereizt, hektisch, aufgeregt oder ängstlich zu reagieren. Außerdem kann man sich auf immer wiederkehrende und voraussehbare Belastungssituationen leichter vorbereiten und sich konzentriert und zielstrebig damit auseinandersetzen.

Körperliche Wirkung

Während der Anspannungsphase wird das Blut aus den zahlreichen Blutgefäßen des Muskels gepreßt. Bei der Entspannung erweitern sich die Gefäße durch die parasympathische Wirkung stärker als vor der Anspannung und füllen sich wieder mit Blut.
Durch diesen Pumpvorgang und die Erweiterung der Blutgefäße fließt mehr Blut, und es fließt schneller. Die Zunahme des Blutvolumens an der Peripherie wird dann oft als *Schwere* wahrgenommen.
Das in den erweiterten Gefäßen benötigte Blut kommt mit 37 Grad aus dem Körperinneren, gelangt schnell in die gelockerten Muskeln und führt meist zu *Wärmegefühlen.*
Diese Entspannungseffekte werden häufig auch als Kribbeln oder Fließen beschrieben.

Anleitung für Tr/Th

a) Konzentrative Entspannung – Beispiel einer Durchführung
Dauer ca. fünf Minuten

Bereiten Sie sich innerlich auf die Entspannung vor. Legen Sie sich ganz ruhig und locker hin. Genießen Sie einfach den ungestörten Zustand und gehen Sie in Gedanken ganz in Ihren Körper hinein.
Wir werden jetzt alle für eine Entspannung wichtigen Muskeln nacheinander durchgehen und versuchen, sie durch reine Konzentration zu lockern und entspannen.
Gehen Sie jetzt als erstes in die **rechte Hand**. Lassen Sie die Fingerspitzen ganz entspannt und schwer auf die Unterlage sinken: den Daumen, den Zeigefinger, den Mittelfinger, den Ringfinger und den kleinen Finger ganz schwer und entspannt werden lassen.
Lassen Sie dann auch die Handinnenfläche ganz schwer und entspannt werden.
Beziehen Sie jetzt auch die **linke Hand** mit ein.
Lassen Sie die Fingerspitzen ganz entspannt und schwer auf die Unterlage sinken: den Daumen, den Zeigefinger, den Mittelfinger, den Ringfinger und den kleinen Finger ganz schwer und entspannt werden lassen.

Lassen Sie dann auch die Handinnenfläche ganz schwer und entspannt werden. Beide Hände liegen jetzt locker und schwer und entspannt auf der Unterlage.
Konzentrieren Sie sich nun auf beide **Unterarme**.
Lassen Sie die Unterarme schwer und entspannt nach unten sinken.
Gehen Sie dann weiter in die **Oberarme**.
Lassen Sie auch diese locker und schwer auf die Unterlage sinken.
Gehen Sie dann in Gedanken weiter in den **Schulter**bereich.
Lassen Sie die Schulter breit, rund und schwer auf die Unterlage sinken.
Gehen Sie nun in Gedanken zum **Nacken**.
Lassen Sie auch diesen locker und schwer werden.
Gehen Sie jetzt weiter in die **Rückenmuskulatur**.
Lassen Sie auch die Rückenmuskulatur ganz locker und schwer werden.
Gehen Sie dann weiter in das **Gesicht**.
Lassen Sie die Gesichtsmuskeln locker wegsinken, ganz locker und entspannt werden, die Stirn, die Wangen, die Mundpartie ganz locker und entspannt werden.
Gehen Sie weiter in die **Brustmuskeln**.
Lassen Sie die Brustmuskeln breit und schwer nach unten wegsinken.
Gehen Sie in Gedanken weiter in den **Bauchraum**.
Lassen Sie den Bauch locker und entspannt nach unten sinken.
Gehen Sie weiter in die **Gesäßmuskulatur**.
Lassen Sie auch diese locker und entspannt und schwer auf die Unterlage sinken.
Gehen Sie weiter in die **Oberschenkelmuskulatur**.
Lassen Sie die großen Muskeln schwer nach unten wegsinken.
Gehen Sie weiter in die **Unterschenkel**.
Lassen Sie auch die Unterschenkelmuskulatur angenehm locker und schwer werden.
Gehen Sie zuletzt weiter in die **Füße**.
Lassen Sie die Füße ganz locker und entspannt werden, bis hin zu den Zehen. Registrieren Sie, wie jetzt der ganze Körper angenehm schwer und entspannt ist, und genießen Sie diesen Zustand.

b) Spannungs-Entspannungs-Training (Anleitung) (nach Jacobson) Dauer 25–30 Minuten

Legen (setzen) Sie sich bequem auf Ihre Unterlage (Ihren Stuhl). Lockern Sie den Bund oder Gürtel, legen Sie die Brille und evtl. störende Gegenstände (Uhr, Schmuck) ab. Korrigieren Sie Ihre Lage, bis Sie bequem und druckfrei liegen (sitzen) und nichts an Ihrer Lage Sie stört. Ihre Arme sind leicht abgewinkelt, die Handgelenke liegen locker auf, Ihre Beine sind bequem ausgestreckt, die Füße fallen von allein leicht nach außen. Nun schließen Sie die Augen. Lassen Sie Ihre Gedanken einfach kreisen. Genießen Sie die Vorstellung, daß Sie im Augenblick nichts berühren oder behelligen kann. Es gibt nichts zu tun. Sie können sich zuerst völlig der Beobachtung muskulärer Anspannung und dann dem wohligen Gefühl der Entspannung hingeben.
Konzentrieren Sie sich auf jeden Muskel Ihres Körpers, versuchen Sie jeden Muskel zu erfühlen und ihn schon – so gut es geht – zu entspannen. Geben Sie sich ganz der Ruhe und Entspannung hin.

1. Übungsabschnitt: Entspannung der Hände und Arme

S = Spannung, ca. 5 Sek.
E = Entspannung, ca. 10 Sek.

S Nachdem Sie sich entspannt haben, ballen Sie die rechte Faust, ballen sie fester und fester und beobachten Sie die Spannung. Halten Sie die Faust geballt und fühlen Sie die restliche Spannung in der rechten Faust, in der Hand, im Unterarm …

E Und nun entspannen Sie. Lassen Sie die Finger der rechten Hand locker werden und beobachten Sie den unterschiedlichen Eindruck. Lassen Sie sich völlig gehen und entspannen Sie sich am ganzen Körper, immer weiter entspannen, von selbst weiter entspannen.

S Noch einmal: Die rechte Faust ganz fest halten … sie gespannt halten und die Spannung wieder beobachten …

E Nun lassen Sie los, entspannen Sie sich; Ihre Finger strecken sich wieder und Sie merken den Unterschied zwischen der Anspannung vorher und der Entspannung jetzt. Lassen Sie sich völlig gehen und entspannen Sie sich am ganzen Körper, immer weiter entspannen, von selbst weiter entspannen.

S Nun machen Sie das gleiche mit der linken Faust. Ballen Sie die linke Faust, während der Körper sich entspannt; ... ballen Sie die Faust fester und fühlen Sie die Spannung ...

E Und entspannen Sie. Genießen Sie den Unterschied ...

S Wiederholen Sie es noch einmal: Spannen Sie die linke Faust ganz stark ...

E Entspannen Sie und fühlen Sie den Unterschied. Überlassen Sie sich einige Zeit dieser Entspannung ... Lassen Sie sich völlig gehen und entspannen Sie sich am ganzen Körper, immer weiter entspannen, von selbst weiter entspannen.

S Ballen Sie jetzt beide Fäuste fester und fester, beide Fäuste ganz fest halten, die Unterarme ganz entspannt, ... beobachten Sie Ihre Empfindungen ...

E Und nun entspannen Sie; strecken Sie die Finger und fühlen Sie die Entspannung. Fahren Sie fort, die Hände und Unterarme zu entspannen, entspannen Sie immer mehr ... Ihre Hände sind jetzt warm und schwer. Wenn Sie sich ganz auf die Fingerspitzen Ihrer rechten Hand konzentrieren, werden Sie dort ganz leicht Ihren Puls pochen fühlen können. Lassen Sie sich völlig gehen und entspannen Sie sich am ganzen Körper, immer weiter entspannen, von selbst weiter entspannen.

S Nun beugen Sie beide Ellenbogen und spannen Sie den Bizeps. Fester und fester spannen und die Spannungsgefühle beobachten ...

E Und die Arme wieder strecken, entspannen und auf den Unterschied achten. Nun breitet sich die Entspannung aus ... Lassen Sie sich völlig gehen und entspannen Sie sich am ganzen Körper, immer weiter entspannen, von selbst weiter entspannen.

S Noch einmal: Spannen Sie den Bizeps; die Spannung festhalten und genau beobachten ...

E Nun strecken Sie die Arme aus und entspannen Sie; entspannen Sie so gut Sie können ... Achten Sie jedesmal genau auf Ihre Empfindung, einmal, wenn Sie anspannen und dann, wenn Sie entspannen. Lassen Sie sich völlig gehen, und entspannen Sie sich am ganzen Körper, immer weiter entspannen, von selbst weiter entspannen.

S Nun strecken Sie die Arme aus, drücken Sie so fest auf die Unterlage, daß Sie eine große Spannung in den Trizepsmuskeln an der Rückseite der Oberarme spüren; strecken Sie die Arme und fühlen Sie die Spannung …

E Und wieder entspannen. Arme wieder bequem hinlegen. Lassen Sie die Entspannung sich weiter ausbreiten. Die Arme fühlen sich angenehm schwer an, während Sie entspannen … Lassen Sie sich völlig gehen und entspannen Sie sich am ganzen Körper, immer weiter entspannen, von selbst weiter entspannen.

S Noch einmal die Arme strecken und auf die Unterlage drücken, so daß Sie die Spannung in den Trizepsmuskeln fühlen; drücken Sie ganz fest. Fühlen Sie die Spannung …

E Und entspannen Sie. Nun konzentrieren Sie sich auf reine Entspannung in den Armen ohne jegliche Spannung. Legen Sie die Arme ganz bequem hin und entspannen Sie sie weiter und weiter, weiter und weiter. Selbst wenn Sie glauben, Ihre Arme seien nun völlig entspannt, versuchen Sie noch ein wenig weiter zu gehen; versuchen Sie, ein immer tieferes Gefühl der Entspannung zu erreichen.

2. Übungsabschnitt: Entspannung des Gesichts mit Nacken, Schultern und oberem Rücken

S Runzeln Sie nun die Stirn; ziehen Sie die Stirnmuskeln fest nach oben, so daß horizontal auf der Stirn Falten entstehen. Halten Sie diese Spannung …

E Und nun entspannen Sie die Stirn und lassen Sie sie locker und glatt werden. Beobachten Sie, wie die Stirnhaut immer lockerer wird, je mehr Sie sich entspannen. Die gesamte Kopfhaut wird locker und entspannt …

S Nun ziehen Sie die Augenbrauen zusammen und beobachten Sie die Spannung. Eine senkrechte Falte bildet sich zwischen den Augen und auf der Stirn …

E Beenden Sie die Anspannung wieder. Lassen Sie die Stirnhaut wieder ganz locker …

S Nun kneifen Sie die Augen zusammen, fester und fester … Fühlen Sie die Spannung …

E Und entspannen Sie die Augenpartie. Halten Sie die Augen ruhig und bequem geschlossen und beobachten Sie die Entspannung …

S Konzentrieren Sie sich nun auf die Augen selbst. Rollen Sie jetzt Ihre Augen bei geschlossenen Lidern nach oben, so, als wollten Sie ganz nach oben schauen und halten Sie die Augen eine Weile so; jetzt drehen Sie die Augen nach links und anschließend nach rechts.

E Und nun lassen Sie die Augen wieder vollkommen locker in ihre Normallage zurückgleiten. Keiner der Augenmuskel ist mehr gespannt. Fühlen Sie, wie ruhig und entspannt jetzt auch die Augen selbst werden.

S Nun beißen Sie die Zähne fest aufeinander und spannen Sie die Kiefernmuskeln; beobachten Sie die Spannung in der Kiefermuskulatur …

E Entspannen Sie jetzt die Kiefermuskeln. Lassen Sie dabei die Lippen leicht offen … Genießen Sie die Entspannung …

S Nun pressen Sie die Zunge fest gegen den Gaumen. Beobachten Sie die Spannung …

E Lassen Sie die Zunge wieder locker und entspannt werden …

S Nun spitzen Sie die Lippen, pressen Sie die Lippen fester und fester zusammen …

E Entspannen Sie die Lippen. Beobachten Sie wieder den Unterschied zwischen Spannung und Entspannung. Beobachten Sie die Entspannung im ganzen Gesicht, an der Stirn, der Kopfhaut, den Augen, der Kiefermuskulatur, an den Lippen, Zunge, Hals. Die Entspannung breitet sich immer weiter aus …

S Nun beobachten Sie die Nackenmuskulatur. Drücken Sie den Kopf langsam zurück und beobachten Sie die Spannung im Nacken; rollen Sie den Kopf auf die rechte Seite und beobachten Sie, wie die Spannung wechselt; nun rollen Sie den Kopf zur linken Seite.

E Und entspannen Sie den Nacken. Legen Sie den Kopf wieder bequem hin …

S Richten Sie den Kopf auf und beugen Sie ihn nach vorne, pressen Sie das Kinn fest gegen die Brust …

E Nun legen Sie den Kopf wieder bequem hin und beobachten Sie die Entspannung. Lassen Sie die Entspannung sich weiter ausbreiten … Lassen Sie sich völlig gehen und entspannen sie sich am ganzen Körper, immer weiter entspannen, von selbst weiter entspannen.

S Jetzt ziehen Sie die Schultern hoch, ganz hoch. Halten Sie die Spannung …

E Lassen Sie die Schultern wieder fallen und beobachten Sie die Entspannung. Nacken und Schultern entspannen sich …

S Ziehen Sie die Schultern noch einmal hoch, ganz fest und drehen Sie sie so nach vorne und zurück. Beobachten Sie die Spannung in den Schultern und im oberen Rücken …

E Lassen Sie die Schultern wieder fallen und entspannen Sie sich. Lassen Sie die Entspannung in den Schultern sich tief ausbreiten, bis in die Rückenmuskeln. Entspannen Sie Nacken und Hals, Kiefermuskeln und die gesamte Gesichtspartie und beobachten Sie, wie eine große Entspannung sich ausbreitet und tiefer wird … tiefer … immer tiefer.

3. Übungsabschnitt: Entspannung der Brust, des Bauches und des unteren Rückens

E Entspannen Sie den Körper. Beobachten Sie das angenehme Gefühl der Schwere, das mit der Entspannung einhergeht. Atmen Sie leicht und frei ein und aus. Beobachten Sie, wie die Entspannung mit dem Ausatmen zunimmt … während Sie ausatmen, fühlen Sie die Entspannung …

S Nun atmen Sie fest ein und füllen die Lungen; holen Sie tief Luft und halten Sie den Atem an. Beobachten Sie die Spannung …

E Atmen Sie wieder aus, lassen Sie den Brustkorb locker werden und lassen Sie die Luft von selbst ausströmen. Entspannen Sie sich weiter und atmen Sie frei und ruhig. Beobachten Sie die Entspannung und genießen Sie sie.

S Während der restliche Körper so entspannt wie möglich ist, füllen Sie noch einmal die Lungen voll mit Luft. Holen Sie tief Luft und halten Sie den Atem wieder an …

E Atmen Sie jetzt langsam aus und beobachten Sie die Erleichterung. Nun atmen Sie wieder normal. Entspannen Sie die Brust und lassen Sie die Entspannung sich ausbreiten über Rücken, Schultern, Nacken und Arme. Einfach loslassen und die Entspannung genießen …

S Nun beobachten Sie die Bauchmuskeln. Machen Sie sie ganz hart, indem Sie die Beine durchgestreckt anheben und gleichzeitig den Bauch nach außen drücken …

E Und entspannen Sie. Lassen Sie die Muskeln locker werden und beobachten Sie den Unterschied …

S Noch einmal: Heben Sie die Beine und spannen Sie die Bauchmuskeln. Spannung festhalten und beobachten …

E Und entspannen. Beobachten Sie das allgemeine Wohlbefinden, das mit der Entspannung des Bauches einhergeht. Lassen Sie sich völlig gehen und entspannen sie sich am ganzen Körper, immer weiter entspannen, von selbst weiter entspannen.

S Nun ziehen Sie den Bauch ein, spannen Sie die Muskeln fest und erleben Sie die Spannung …

E Nun wieder entspannen. Lassen Sie den Bauch wieder los. Atmen Sie normal und leicht und spüren Sie dabei das angenehme Gefühl, das über die Brust und den Bauch läuft …

S Nun ziehen Sie den Bauch wieder ein und halten Sie die Spannung fest, drücken den Bauch wieder nach außen; halten die Spannung fest … Ziehen den Bauch noch einmal ein und fühlen die Spannung …

E Und entspannen Sie die Bauchmuskeln völlig. Die Spannung verschwindet und die Entspannung wird immer tiefer. Jedesmal wenn Sie ausatmen, beobachten Sie die rhythmische Entspannung in den Lungen und im Bauch. Beobachten Sie dabei, wie Brust und Bauch mehr und mehr entspannt sind … Versuchen Sie alle Spannungen in Ihrem Körper zu lockern … Lassen Sie sich völlig gehen und entspannen Sie sich am ganzen Körper, immer weiter entspannen, von selbst weiter entspannen.

S Nun konzentrieren Sie sich auf den unteren Rücken. Wölben Sie den Rücken nach oben, so daß Sie nur mit dem Gesäß und den Schultern auf der Unterlage liegen. Fühlen Sie die Spannung entlang der Wirbelsäule …

E Und legen Sie sich wieder bequem zurück und entspannen Sie Ihr Kreuz ...

S Nun heben Sie wieder Ihren Rücken und beobachten Sie dabei die Spannung. Versuchen Sie, den übrigen Körper so entspannt wie möglich zu halten. Versuchen Sie, die Spannung nur auf den unteren Teil des Rückens zu konzentrieren ...

E Entspannen Sie sich wieder, entspannen Sie immer mehr. Entspannen Sie das Kreuz ... entspannen Sie den unteren Rücken ... entspannen Sie den oberen Rücken, lassen Sie die Entspannung übergehen auf den Bauch, Brust, Schultern, Arme, Gesicht. Diese Körperteile werden immer mehr entspannt, mehr und mehr, die Entspannung wird größer und tiefer ... Lassen Sie sich völlig gehen und entspannen Sie sich am ganzen Körper, immer weiter entspannen, von selbst weiter entspannen.

4. Übungsabschnitt: Entspannung der Hüften, Schenkel und Waden. Danach: vollkommene Körperentspannung

S Nun spannen Sie das Gesäß und die Oberschenkel und spüren Sie die Spannung in den Schenkeln. Drücken Sie die Fersen so fest wie möglich herunter ...

E Entspannen Sie und beobachten Sie den Unterschied ...

S Spannen Sie Gesäß und Muskeln der Schenkel noch einmal. Halten Sie die Spannung fest ...

E Entspannen Sie Hüften und Beinmuskeln. Lassen Sie die Entspannung sich von selbst ausbreiten ...

S Pressen Sie nun Füße und Zehen nach unten, weg vom Gesicht, so daß die Wadenmuskeln gespannt sind. Beobachten Sie diese Spannung ...

E Nun entspannen Sie Füße und Waden ...

S Beugen Sie diesmal die Füße in Richtung auf das Gesicht, so daß Sie am Schienbein Spannung verspüren. Bringen Sie die Zehen möglichst weit nach oben ...

E (ca. 3 Min.) Nun entspannen Sie weiter. Bleiben Sie für einige Zeit entspannt ... Entspannen Sie sich weiter und weiter, über den ganzen Körper. Entspannen Sie Füße, Knöchel, Waden und Schienbeine, Knie, Beinmuskeln, Gesäß und Hüften. Beobachten Sie die Schwere des Unterkörpers, während Sie sich weiter entspannen ...

Nun dehnen Sie die Entspannung auf den Bauch aus, ... auf die Taille und das Kreuz. Lassen Sie sich mehr und mehr gehen. Fühlen Sie die Entspannung. Sie breitet sich immer weiter aus, über den oberen Rücken, Brust, Schultern und Arme, ganz bis in die Fingerspitzen. Entspannen Sie sich immer tiefer. Versichern Sie sich, daß im Hals keine Spannung mehr ist; entspannen Sie den Nacken, die Kiefermuskeln und die gesamte Gesichtsmuskulatur. Lassen Sie für einige Zeit den Körper so entspannt ... Entspannen Sie sich. Behalten Sie die Augen geschlossen, so daß Sie von den Gegenständen und Bewegungen Ihrer Umgebung nicht gestört werden und so jegliche Spannung von sich fernhalten, atmen Sie tief und spüren Sie, wie Sie schwerer werden, atmen Sie flach ein und dann ganz langsam aus ... Fühlen Sie, wie schwer und entspannt Sie geworden sind.

In einem Stadium völliger Entspannung fühlen Sie sich unwillig, auch nur einen Muskel Ihres Körpers zu bewegen. Denken Sie an die große Mühe, die es bereiten würde, wenn Sie den rechten Arm heben wollten. Während Sie über das Heben des rechten Arms nachdenken, beobachten Sie, ob sich irgendeine Spannung in die Schultern oder den Arm eingeschlichen hat ... Nun entschließen Sie sich, den Arm nicht zu heben, sondern bleiben Sie weiter entspannt. Beobachten Sie die Ruhe und das Verschwinden jeglicher Spannung ...

Zurücknahme

Beenden Sie nun die Übung. Zählen Sie bei geschlossenen Augen langsam rückwärts von 5–1. Bei 1 nehmen Sie die Entspannung zurück, indem Sie:

1. Beide Arme in den Ellbogen einwinkeln und sie kurz anspannen.
2. danach tief einatmen.
3. und zuletzt die Augen öffnen und sich strecken und räkeln.

Sie sind dann wieder hellwach.

Bei Tn/Kl mit niedrigem Blutdruck reicht diese Art der Zurücknahme manchmal nicht aus. Dann sollen sie die Beine über den Kopf heben und »Rad fahren«. So kommt Blut (und Sauerstoff) in den Kopf und aktiviert schnell den Kreislauf.

c) Kurzentspannung der Gesamtmuskulatur (Embryo)
Dauer ca. 3 Minuten

Sobald die Körperentspannung mit Hilfe der Langform zuverlässig erreicht wird, kann man zur Kurzentspannung übergehen. Dabei wird zunächst der ganze Körper auf einmal angespannt und anschließend in der Ruhelage die einzelnen Muskelabschnitte in der erlernten Reihenfolge entspannt.

Anleitung

Anspannungsphase:
Setzen Sie sich auf, krümmen Sie den Rücken (Katzenbuckel), kippen Sie den Kopf in Richtung Brust. Gleichzeitig werden die Arme angewinkelt und vor der Brust gekreuzt. Die Brust wird angespannt, die Schultern werden hochgezogen, der Rücken angespannt und der Kopf in den Nacken gedrückt.
Ziehen Sie die Beine an, bis die Knie unter dem Kinn sind. Die Füße werden leicht von der Unterlage abgehoben und nach oben angewinkelt. Drücken Sie den Bauch nach außen und spannen Sie das Gesäß an.
Spannen Sie zuletzt auch das Gesicht an: Rümpfen Sie die Nase, formen Sie mit dem Mund ein Ü, runzeln Sie die Stirn in Richtung Nase, kneifen Sie die Augen zusammen, beißen Sie die Zähne aufeinander, und drücken Sie die Zunge in den Gaumen.
Steigern Sie nun langsam die Anspannung der Muskeln. Zum Schluß wird der Körper noch einmal konzentriert angespannt und der Atem nach tiefem Luftholen angehalten oder noch besser, gleichmäßig weitergeatmet.
Entspannungsphase:
Danach lassen Sie sich zurücksinken, legen sich wieder hin und atmen tief und befreiend aus. Zur Entspannung lassen Sie sich mehr Zeit als zur Spannung und gehen in aller Ruhe die Muskeln in der üblichen Reihenfolge durch und entspannen Sie sich vollkommen.

d) Entspannung einzelner Muskelpartien

Alle Übungen der systematischen Muskelentspannung können auch isoliert eingesetzt werden. So kann man verkrampfte Hände (etwa durch stundenlanges Schreiben), ein gespanntes Gesicht (nach langen Konzentrationsphasen z. B. bei Verhandlungen), einen verspannten Nacken (nach einer längeren Bahnfahrt) an- und wieder entspannen.

e) Muskuläres Tiefentraining (Aktivierungsübungen)

Brechtel (1977) hat einige einfache, aber effektive Übungen (Mukuläres Tiefentraining) zusammengestellt, die z. B. die Nacken- und Rückenmuskulatur entspannen.

Wirkung:

- Lösung von lokalen Verspannungen und Verspannungsschmerzen
- Anregung des Kreislaufs
- Verbesserung der Durchblutung
- Allgemeine Aktivierung

und bei Intensivierung des anschließenden Entspannungsanteils:

- Spontanentspannung.

Die Übungen können auch aufeinanderfolgend praktiziert werden. Der Aktivierungs- bzw. Entspannungseffekt ist dann um so intensiver.

1. Schultern und Rücken (»Siegfried«)

Wirkung:

- beseitigt Verspannungen im Rücken
- beugt Haltungsschäden vor
- erfrischt.

Anwendungsbeispiele:

- bei Verspannungen im Rücken
- bei langen sitzenden Tätigkeiten
- nach längeren Autofahrten
- bei Müdigkeit und Konzentrationsstörungen
- zur Haltungsverbesserung
- zur unauffälligen Entspannung in kleinen Pausen.

Anleitung:

Anspannung:
Setzen Sie sich aufrecht hin, winkeln Sie die Arme an, die Schultern dabei möglichst weit zurücknehmen und die Ellenbogen nach hinten drücken. Legen Sie den Kopf nach vorne. Dabei tief und gleichmäßig atmen. Kräftig anspannen und die Anspannung einige Sekunden halten. Wenn Sie die Schulterblätter auf diese Weise nach hinten drücken, spüren Sie in der Mitte des Rückens einen leichten Schmerz. Sobald Sie den beschriebenen Schmerz spüren, warten Sie ein bis zwei Atemzüge.

Entspannung:
Lassen Sie die Spannung los, dabei Schultern und Kopf nach vorne fallen lassen. Überkreuzen Sie die Arme und lassen Sie sie fallen. Nehmen Sie die Droschkenkutscherhaltung ein und lassen Sie Schultern und Rücken locker, schwer und entspannt werden.

Erfolgskontrolle
Wenn Sie ein angenehm entspanntes Gefühl in den Schultern und leichte Wärme zwischen den Schultern spüren, dann ist die Übung geglückt.

2. *Nacken und Schultern (»Quasimodo«)*
Wirkung:

- dehnt die bei chronischer Verspannung gequetschten Blutgefäße
- verbessert die Sauerstoffversorgung des Gehirns
- löst alle Arten von Verkrampfungskopfschmerz
- erfrischt, lindert oder beseitigt Verspannungen im Nacken

Anwendungsbeipiele:
- bei aufkommenden Kopfschmerzen
- bei Nachlassen der Konzentration
- bei Verkrampfung und Erschöpfung
- bei verspannter Nackenmuskulatur
- zur Erfrischung
- zur Entspannung.

Anleitung

Anspannung:
Winkeln Sie die Arme leicht an. Lassen Sie die Hände locker hängen und ziehen Sie die Schultern möglichst weit hoch, drücken Sie den Kopf leicht zurück und die Lendenwirbelsäule heraus. Spannen Sie kräftig an und atmen Sie dabei tief und gleichmäßig.

Entspannung:
Senken Sie die Schultern und lassen Sie den Kopf nach vorne fallen. Das Kinn berührt dabei die Brust. Legen Sie den Kopf auf die rechte und danach auf die linke Schulter. Das Kinn bleibt dabei auf der Brust. Gehen Sie in die Droschkenkutscherhaltung. Lassen Sie Nacken und Schultern locker, schwer und entspannt werden.

7.1.3 Vegetative Entspannung

7.1.3.1 Hintergrundinformationen

Autogenes Training

Autogenes Training gehört zu den Techniken suggestiver Selbstentspannung. Durch Selbstsuggestion wird eine direkte Beeinflussung des Vegetativums erreicht. Diese erfolgt durch intensive, gefühlsbetonte Vorstellungen, die sich auf die Funktionen des vegetativen Nervensystems beziehen und letztendlich auf eine gesamtorganische Ruhigstellung abzielen.
Autogen heißt selbst erzeugt und das Wort Training deutet schon daraufhin, daß man methodisch vorgehen und regelmäßig üben muß. Suggestion ist ein Vorgang, dem wir ständig, meist unbewußt, ausgesetzt sind.

> Die intensive Vorstellung einer Zitrone erzeugt zitronensauren Geschmack auf der Zunge und die Speicheldrüsen treten in Aktion: Das Wasser läuft einem im Mund zusammen.
> Bei engagiertem Betrachten eines Filmes oder Lesen eines Buches weint man oft aus Mitgefühl, verfolgt mit Herzklopfen den spannenden Krimi, ist über den Ausgang einer Geschichte erfreut oder traurig.

Intensive Vorstellungen lösen Gefühle und gleichzeitig vegetative Funktionen wie z. B. Speichel- oder Tränenfluß und Herzklopfen aus.
Das von Schultz entwickelte Autogene Training (AT) setzt primär auf der vegetativen Verhaltensebene an. Durch AT ändert sich *das vegetative Nervensystem* in Richtung einer entspannten Reaktionsgrundlage. Die Belastbarkeit wird erhöht und bereits bestehende Anspannungs- und Erregungszustände reduziert. Der Organismus legt sich eine »Schutzschicht gegen Streß« zu.
Autogene Übungen sind eine sinnvolle Ergänzung muskulärer Entspannung.

Das AT besteht aus 6 Übungsstufen:

1. Schwereübung
2. Wärmeübung
3. Pulsübung
4. Atemübung
5. Leibübung
6. Kopfübung

Die Effekte der traditionellen Grundübungen sind:

1. *Entspannungsphase*
   - Ruheübung: Entspannung der Nerven
   - Schwereübung: Entspannung der Muskulatur
   - Wärmeübung: Entspannung der Blutgefäße
2. *Ökonomisierungsphase*
   - Pulsübung: Ökonomisierung der Puls-/Herzleistung
   - Atemübung: Ökonomisierung des Atemrhythmus
3. *Vitalisierungsphase*
   - Leibübung: Vitalisierung der Bauchorgane
   - Kopfübung: Vitalisierung und Aktivierung.

7.1.3.2 Lernziele

Die Tn/Kl

- kennen Grundlagen und Vorgehensweise des AT
- kennen die Schwereübung
- erleben Intensivierung der muskulären Entspannung
- erleben vegetative Entspannung immer intensiver
- lernen nacheinander die einzelnen autogenen Übungen kennen
- kennen die Droschkenkutscherhaltung
- können Entspannung auch im Sitzen herbeiführen
- kennen Alltagssituationen, in denen sie im Sitzen entspannen können
- wissen über Ruhe und Erregung durch Atmen Bescheid
- erleben Entspannung über Atemtechniken.

7.1.3.3 Ablauf

Im folgenden wird die klassische Form des AT vermittelt. Dabei ist es (entgegen der klassischen Lehrmeinung) keineswegs nötig, das gesamte AT einzusehen. Positive Effekte treten oft schon nach der Schwere- und Wärmeübung – speziell als Steigerung der Muskelentspannung – auf.
Die beiden ersten Übungsstufen sind auf den rechten Arm bezogen, da er ein vielbetätigter, sensibler Körperteil ist und deshalb der Beobachtung besonders leicht zugänglich ist. Linkshänder bevorzugen meist die Konzentration auf den linken Arm.
Im Verlauf der Übung übertragen sich die autogenen Wirkungen auf den ganzen Körper (Generalisierung).

Spezielle Vorbereitung für das Autogene Training
- Muskuläre (Kurz-)Entspannung
- Ruhebilder aufkommen lassen (Blumenwiese, Meer …)
- Die Übungsformeln als eine Art innerer Stimme vorstellen, die die Formel in ruhigem Takt 1 bis 2 Minuten lang mehrmals wiederholt.

Ruhe
Wirkung: Die allgemeine Ruhigstellung ist letztlich Sinn und Zweck des AT. Deshalb wird die Ruheformel nach jedem Übungsabschnitt eingeschaltet. Die Selbstsuggestion von Ruhe erzeugt tiefe Körperentspannung, die Belastbarkeit wird durch Erregungsdämpfung erhöht. Das Gleichgewicht Sympathikus und Parasympathikus im vegetativen Nervensystem wird zugunsten des Parasympathikus, also in Richtung Erholung, verschoben.
Anweisung: Mehrmals vor Beginn der autogenen Übung und je einmal als Abschluß des einzelnen Übungsabschnitts sagt man sich vor:
»Ich bin ganz ruhig.«
Treten dennoch störende Gedanken auf, wird die Selbstaufforderung
»Nicht jetzt – später«
eingesetzt.

Zurücknahme

Wirkung: Zur Beendigung jeder autogenen Übung wird »zurückgenommen«. Dadurch wird die völlige aktive Verfügbarkeit über alle Körperfunktionen erreicht.
Ein zuverlässiger Erfolg kann nur erreicht werden, wenn exakt zurückgenommen wird.

Wichtig: In jedem Fall die Augen zuletzt öffnen, da sonst Schwindelgefühle auftreten können.

Anweisung:
Nach jedem Übungsabschnitt
- werden die Arme energisch gebeugt und gestreckt
- dann wird tief eingeatmet
- zuletzt werden die Augen geöffnet.

Dazu wird die *Formel* eingesetzt:
- »Arme fest
- Tief atmen
- Augen auf«.

Anleitung

Die sechs Übungen des Autogenen Trainings

1. Schwere

Wirkung: Die Verschiebung des Gleichgewichtes zwischen Sympathikus und Parasympathikus in Richtung Parasympathikus bewirkt unter anderem eine Erweiterung der Blutgefäße. Durch Erhöhung des Blutvolumens wird der Arm schwerer. Muskuläre Entspannung wird immer als Schwere erlebt. Vergleichsweise dazu stelle man sich die angenehme Schwere nach körperlicher Anstrengung beim Sport vor. Die Erhöhung des Blutvolumens in der Peripherie durch AT hat also eine ähnliche Wirkung wie Muskelentspannung.

Anweisung: Nach der Vorbereitung und der Konzentration auf Ruhe stellen Sie sich intensiv vor:
»Der rechte Arm ist ganz schwer.«
Diese Formel wird je sechsmal monoton wiederholt, dann suggeriert man sich jeweils:
»Ich bin ganz ruhig.«

Der Ablauf wird dreimal wiederholt, dann wird zurückgenommen.

Übungsablauf

6x Der rechte Arm ist ganz schwer.
1x Ich bin ganz ruhig.
6x Der rechte Arm ist ganz schwer.
1x Ich bin ganz ruhig.
6x Der rechte Arm ist ganz schwer.
1x Ich bin ganz ruhig.
Arme fest
Tief atmen
Augen auf.

2. *Wärme*

Wirkung: Die gesteigerte Blutzufuhr (siehe Wirkung des Parasympathikus bei der Schwereübung) aus dem Körperinneren an die Peripherie bewirkt ein Wärmegefühl. Das Blut im Körperinneren ist wärmer. Um diese, durch die Schwereübung an sich von selbst erfolgende Wirkung zu steigern, gibt man sich zusätzlich die Wärmeformel. Durch die Wärmesuggestion verhalten sich die Blutgefäße so, als ob der Arm warm wäre. Die ringförmigen Muskeln der Blutgefäße entspannen sich, es strömt mehr Blut ein, der Arm wird tatsächlich wärmer.

Anweisung: Die Schwerevorstellung erfolgt nur noch sechsmal hintereinander in rhythmischer Reihenfolge, dann die Ruheformel. Direkt im Anschluß (ohne Zurücknahme) dreimal der neue Abschnitt

– je 6x »Der rechte Arm ist ganz warm« und
– je 1x die Ruheformel.

Die Übung ist also um eine Sequenz länger geworden.

Übungsablauf

6x Der rechte Arm ist ganz schwer.
1x Ich bin ganz ruhig.
6x Der rechte Arm ist ganz warm.
1x Ich bin ganz ruhig.
6x Der rechte Arm ist ganz warm.
1x Ich bin ganz ruhig.
6x Der rechte Arm ist ganz warm.

1x Ich bin ganz ruhig.
Arme fest
Tief atmen
Augen auf.

3. Puls

Wirkung: Durch die parasympathische Beeinflussung des Kreislaufes wird die Pulsfrequenz reduziert. Die konzentrative Hinwendung auf den ruhig pochenden Puls wird durch die große Druckempfindlichkeit der Fingerspitzen erheblich erleichtert. Man nimmt den Pulsschlag in den Fingerspitzen sehr gut wahr. Der angenehm gleichmäßige Schlag beruhigt, der gesamte Organismus schaltet durch das Erfolgserlebnis (der Puls ist, wie in der Formel vorgegeben, tatsächlich ruhig und regelmäßig) auf Entspannung. Das Wahrnehmen von eigener Ruhe bewirkt noch größere Ruhe.

Anweisung: Die neue Formel lautet
»Puls schlägt ruhig und regelmäßig«.
Die Formel wird an die Schwere- und Wärmeformel angehängt.

Übungsablauf

6x Der rechte Arm ist ganz schwer.
1x Ich bin ganz ruhig.
6x Der rechte Arm ist ganz warm.
1x Ich bin ganz ruhig.
6x Puls schlägt ruhig und regelmäßig.
1x Ich bin ganz ruhig.
Arme fest
Tief atmen
Augen auf.

4. Atmung

Wirkung: Die Atemformel soll keine aktive Gestaltung der Atmung auslösen, sondern ganz im Gegenteil eine *passive* Hingabe an den Atem. Man läßt sich von ihm tragen, das automatische Atmen beobachten, ohne es willkürlich zu verändern. Durch dieses »In-den-Körper-Horchen« ergeben sich drei Effekte:

– eine zunehmende Entspannung
– der natürliche, ruhige Atemrhythmus
– eine geringere Störanfälligkeit des Atems.

Im Lauf der Übung verlangsamt sich die Atmung und wird flacher, Ein- und Ausatmung werden gleich lang, es findet eine Angleichung an die Schlafatmung statt.

Anweisung: Die Formel

»Atmung ganz ruhig«

wird zusätzlich durch die Formel

»es atmet mich«

unterstützt, damit die passive Einstellung zur Atmung erhöht wird. »Es atmet mich« wird jeweils vor der Ruheformel gegeben.

Übungsablauf

6x Der rechte Arm ist ganz schwer.
1x Ich bin ganz ruhig.
6x Der rechte Arm ist ganz warm.
1x Ich bin ganz ruhig.
6x Puls schlägt ruhig und regelmäßig.
1x Ich bin ganz ruhig.
6x Atmung ganz ruhig.
1x Es atmet mich.
Arme fest
Tief atmen
Augen auf.

5. Bauchorgane (Sonnengeflecht, Leib)

Wirkung: Das Sonnengeflecht ist ein dichtes Nervengeflecht und steuert die Bauchorgane, z. B. Magen, Leber, Dünn- und Dickdarm. Streß wirkt auch dort gefäßverengend, damit das Blut aus dem Bauchraum in die Muskeln zur Aktivierung einfließt. Bei der Sonnengeflecht-Leibübung werden die Blutgefäße im Oberbauch parasympathisch erweitert. Der Effekt ist ähnlich wie nach dem Essen, man wird ruhiger und entspannter. Parallel dazu wird eine Entspannung der Muskulatur an den inneren Organen, besonders an Magen und Darm, erreicht. Manchem Tl/Kl fällt die Vorstellung eines Sonnengeflechtes schwer, dann hilft eine Schautafel/Demonstration oder ein Umformulieren in »Leib strömend warm«.

Die Sonnengeflechtübung ist demnach besonders wichtig für Menschen mit Magen-Darm-Beschwerden.

Anweisung: Erreicht wird der Effekt durch die Formel »Sonnengeflecht strömend warm« oder »Leib strömend warm«.

Übungsablauf

6x Der rechte Arm ist ganz schwer.
1x Ich bin ganz ruhig.
6x Der rechte Arm ist ganz warm.
1x Ich bin ganz ruhig.
6x Puls schlägt ruhig und regelmäßig.
1x Ich bin ganz ruhig.
6x Atmung ganz ruhig.
1x Es atmet mich.
1x Ich bin ganz ruhig.
6x Sonnengeflecht strömend warm.
1x Ich bin ganz ruhig.
Arme fest
Tief atmen
Augen auf.

6. *Kopf*

Wirkung: Die Kühlung der Stirn gilt schon lange als Heilfaktor. Bei Ohnmachtsanfällen oder Kopfschmerzen wurden und werden kalte Kompressen aufgelegt. Mit einem heißen Kopf sind unangenehme Empfindungen wie Zorn, Angst, Fieber verbunden. Die Kopfübung suggeriert eine angenehm *kühle* Stirn, was zur Verminderung der Kopfdurchblutung führt. Auch das entspricht dem Zustand nach dem Essen, wo der Kopf zugunsten der Verdauungsorgane weniger mit Blut versorgt wird. Man fühlt sich satt, zufrieden und passiv.

Anweisung: Die Formel lautet
»Stirn angenehm kühl«
oder statt dessen
»Kopf frei und klar«.

Damit sind die autogenen Übungen komplett.

Übungsablauf

6x Der rechte Arm ist ganz schwer.
1x Ich bin ganz ruhig.
6x Der rechte Arm ist ganz warm
1x Ich bin ganz ruhig.
6x Puls schlägt ruhig und regelmäßig.
1x Ich bin ganz ruhig.
6x Atmung ganz ruhig.
1x Es atmet mich.
1x Ich bin ganz ruhig.
6x Sonnengeflecht strömend warm.
1x Ich bin ganz ruhig.
6x Stirn angenehm kühl (Kopf frei und klar).
1x Ich bin ganz ruhig.
Arme fest
Tief atmen
Augen auf.

Atemtechniken

Hintergrundinformationen

Ruhige Atmung wirkt entspannend auf alle vegetativen Funktionen und durch die Wechselwirkung auf die drei anderen Verhaltensebenen. Sie bringt Sauerstoff und Energie in den Körper und entschlackt den Organismus.
Die Wissenschaft entdeckte die beruhigende Wirkung gleichmäßigen Atmens durch Zufall. Beim Versuch, den Herzrhythmus perfekt zu messen, gab man den Versuchspersonen über Computer die Anweisung, wie sie atmen sollten, um so möglichst wenig Störvariablen bei der Messung zu haben. Dabei stellte sich ein unerwarteter Nebeneffekt dieser gleichmäßigen, ruhigen Atmung ein: Die Versuchspersonen wurden immer ruhiger und entspannter (Schmitt, O., Universität von Minnesota).
Viele Atemtechniken kommen aus dem Yoga.

Ablauf
Für alle Atemübungen gilt folgendes:

- Raum vorher gut lüften
- anfangs Rückenlage mit leicht angewinkelten Knien
- später evtl. – besonders bei der OM-Übung – aufrechtes Sitzen oder Stehen (gerader Rücken)
- vor Beginn der Übungen muskulär lockern und entspannen.

Informationen für Tn/Kl

Atmung mit Wortwiederholung
Wirkung:

- Sensibilisierung für den persönlichen Atemrhythmus
- Beruhigung der Atmung
- Entspannung
- Kurzentspannung.

Die Atmung mit Wortwiederholung (auch als Selbstentspannung anwendbar) ist einfach zu erlernen und eignet sich besonders als Einstiegsübung für den Laien.

Anleitung:
Einatmen Atmen Sie durch die Nase ein.
Ausatmen Atmen Sie durch den Mund langsam und konzentriert aus. Sprechen Sie dabei in Gedanken langsam ein Wort, z. B. »Ruhe«. Wiederholen Sie diese Übung beliebig oft.
Wichtig: Atmen Sie so schnell oder langsam, wie es für Sie am bequemsten ist.

Dreistufige Atmung
Wirkung:
- Sensibilisierung für den persönlichen Atemrhythmus
- Schwachstellenanalyse
- Beruhigung der Atmung

Anleitung
Wiederholen Sie jede der nachfolgenden Übungen 5–10mal.
1. Stufe: Schlüsselbeinatmung
Einatmen Legen Sie die Hände auf den oberen Teil des Brustkorbs, atmen Sie aus und atmen Sie dann langsam ein, so daß sich der Brustkorb leicht hebt.

Ausatmen Beim Ausatmen achten Sie darauf, daß die gesamte Luft ausgestoßen wird, um genug Raum für die frische sauerstoffreiche Luft zu schaffen. Die Hände bleiben dabei passiv, sie liegen einfach auf der Brust und fühlen das Heben und Senken der Brust.

2. Stufe: Brustatmung

Einatmen Atmen Sie normal aus. Legen Sie die Hände beiderseits des Brustbeins auf die unteren Rippen, so daß sich die Fingerspitzen fast berühren. Beim Einatmen fühlen Sie, wie sich die Rippen weit nach außen dehnen und die Hände sich voneinander entfernen.

Ausatmen Beim Ausatmen nähern sich dann die Fingerspitzen wieder einander.

3. Stufe: Bauchatmung

Einatmen Legen Sie jetzt die Hände in Höhe des Nabels auf den Bauch. Atmen Sie zunächst aus. Beim Einatmen hebt sich der Bauch und damit senkt sich das Zwerchfell und die unteren Lungenklappen füllen sich mit Luft. Die Hände werden dadurch nach oben gedrückt.

Ausatmen Beim Ausatmen kehrt das Zwerchfell in seine kuppelförmige Position zurück. Der Bauch wird flach, und die Hände kommen in ihre Ausgangslage zurück.

Rhythmische Vollatmung

Wirkung:

- Entspannung
- Kurzentspannung
  Verbesserung der Blutzirkulation
- Aktivierung
- auch Lungenabschnitte werden belüftet, die bei flacher Atmung nicht erreicht werden.

Bei dieser Übung werden die drei Atemstufen aufeinanderfolgend geübt. Das Einatmen soll durch die Nase erfolgen, das Ausatmen durch den Mund.

Anleitung

Einatmen Beginnen Sie mit der Stufe 3 der dreistufigen Atmung, gehen Sie dann – ohne vorher auszuatmen – weiter zur

Stufe 2 und füllen Sie zuletzt den oberen Brustkorb und Schlüsselbeinbereich mit Sauerstoff.

Ausatmen Das Ausatmen erfolgt in umgekehrter Richtung. Sie beginnen mit Stufe 1 und gehen über Stufe 2 zum Bauchbereich – also von oben nach unten. Die letzte Luft stoßen Sie durch *leichtes* Zusammenziehen der Bauchmuskulatur aus.

Dann machen Sie – ohne Luft in den Lungen – eine kurze Pause (2–3 Sekunden), bevor Sie wieder mit dem Einatmen beginnen.
Beim erneuten Einatmen füllen sich die Lungen dann fast automatisch, weil die Luft in das entstandene Vakuum einströmt.
Ein- und Ausatmen sollen ungefähr gleich lang andauern. Anfangs ist es ratsam, bei jeder Stufe 21/22 zu zählen. Der Ablauf sieht dann wie folgt aus:

Einatmen	1.	Bauch	21/22
	2.	Brust	21/22
	3.	Schlüsselbeinbereich	21/22
	4.	Luft anhalten	21/22
Ausatmen	1.	Schlüsselbeinbereich	21/22
	2.	Brust	21/22
	3.	Bauch	21/22
	4.	Pause	21/22

Wiederholen Sie die Übung 5– 10mal.
Nach Beendigung der Übung atmen Sie 1 bis 2 Minuten normal. Dann setzen Sie sich zuerst auf, bevor Sie langsam aufstehen (es sei denn, Sie praktizieren diese Übung ohnehin 1–2mal im Stehen als Kurzentspannungstechnik).
So vermeiden Sie (wie bei der Rücknahme im Autogenen Training), eventuelles Auftreten leichter Schwindelgefühle.

OM-Atmung
Wirkung:

- Entspannung
- Kurzentspannung
- Beseitigung von streßbedingter Atemnot
- Verbesserung der Resonanz und der Sprachmelodie.

Die OM-Atmung ist eine Form des Bakhti-Yoga. Der Schwerpunkt der Übung liegt in der Ausatmung und der Konzentration auf Entspannung. Gerade in Streßsituationen wird häufig hyperventiliert. Man holt tief Luft und führt zuwenig Kohlendioxid ab. Subjektiv wird das als Atemnot erlebt. Das bedeutet, bei streßbedingter Atemnot (sehr häufig bei Vortragenden anzutreffen) ist das intensive und gleichmäßige Ausatmen wichtig, z. B. gegen den Widerstand der halbgeschlossenen Lippen, und es kommt nicht darauf an, wie oft in der Literatur empfohlen, »erst einmal tief Luft zu holen«.

Anleitung:

Einatmen	Atmen Sie tief ein – möglichst über alle 3 Stufen.
Ausatmen	Lassen Sie dann die Luft durch den Mund abfließen. Öffnen Sie dabei leicht den Mund, und stoßen Sie laut den Ton »O« aus. Im letzten Drittel schließen Sie den Mund und pressen die restliche Luft aus dem Bauchbereich, indem Sie den Ton »M« bilden.
Wichtig:	»O« und »M« sollen durch die bessere Resonanz laut und melodisch klingen – wie eine Art Gesang. Versuchen Sie, den streßreduzierenden Ausatmungsprozeß so lange auszudehnen, wie Sie ihn problemlos ausführen können.

Die OM-Atmung kann auch »tonlos«, z. B. in akuten Streßsituationen (auch als Spontanentspannung) eingesetzt werden.
Viele Redner verwenden die OM-Übung als regelmäßige Übung zur Entspannung, zur Verbesserung der Resonanz und zur Steigerung des Lungenvolumens.

7.1.4 Konzentrativ-emotionale Wege zur Entspannung

7.1.4.1 Hintergrundinformationen

Die kognitive und die emotionale Verhaltensebene werden durch gleiche Übungen beeinflußt. Sowohl bei Konzentrationsübungen als auch bei den verschiedenen Meditationsformen versucht man primär, die Gedanken und Vorstellungen zu sammeln und zu harmonisieren. Inwieweit das Gefühlsleben betroffen ist, entscheidet Tn/Kl selbst, je nachdem, »wieviel Gefühl« er zuläßt (zulassen kann). Eine Entspannungsübung sollte vorgeschaltet werden, um eine gute Ruhigstellung zu erreichen.
Die kognitive wie auch die emotionale Verhaltensebene sind schwer zu beeinflussen. Optimale Voraussetzung ist deshalb die Beherrschung von muskulärer und/oder vegetativer Entspannung.

Nach innen geschaute Bilder (auch als Wahrnehmungslenkung)
Wirkung:

- Verbesserung der Vorstellungskraft
- Konzentrationssteigerung.

7.1.4.2 Lernziele

Die Tn/Kl

- kennen konzentrativ-emotionale Wege zur Entspannung
- erleben auf diese Weise Entspannung
- können eigene Ruhebilder auswählen und einsetzen.

7.1.4.3 Ablauf

Übung 1: Kerze

Anleitung:
Schließen Sie die Augen. Stellen Sie sich vor, eine Kerze stehe vor Ihnen. Versuchen Sie, die Flamme vor Ihrem geistigen Auge heller

und dann wieder schwächer werden zu lassen. Wechseln Sie zwischen Helligkeit und Dunkelheit. Dann stellen Sie sich vor, daß das Licht strahlender und heller wird. Versuchen Sie, es so hell werden zu lassen, daß alles hell erleuchtet ist. Lassen Sie es dann ganz langsam immer mehr an Helligkeit verlieren.

Übung 2: Am Strand

Anleitung:
Machen Sie es sich bequem und entspannen Sie sich. Schließen Sie die Augen, und stellen Sie sich vor:
Sie sind an einem ruhigen, einsamen Strand. Es ist ein warmer, sonniger Tag, und Sie spazieren am Strand entlang ... Sie spüren den warmen Sand zwischen Ihren Zehen ... Sie fühlen die angenehm warme Sonne auf Ihrer Haut ... Sie atmen die frische, salzhaltige Seeluft ein ... Sie betrachten den Himmel ... Sie gehen zum Wasser und waten darin. Fühlen Sie das angenehm kühle Wasser ..., die leichte Brise auf Ihrer Haut ...! Hören Sie, wie sich die Wellen am Strand brechen ... Setzen Sie sich auf einen Fels und schauen Sie auf das Meer hinaus ... Sehen Sie, wie das Licht auf den Wellen tanzt, wie die Brandung gleichmäßig hereinrollt, hören Sie das Rauschen und spüren Sie das ruhige entspannte Gefühl, das dieser Anblick in Ihnen auslöst.

Übung 3: Der Zufluchtsort

Anleitung:
Entspannen Sie sich. Stellen Sie sich irgendeinen Ort vor, an dem Sie sich zufrieden und geborgen fühlen, z. B. ein Zimmer, eine Landschaft, irgendeinen Ort, an dem Sie Ruhe und ein Gefühl der Sicherheit erleben könnten. Stellen Sie sich diesen Ort so vor, daß Sie ihn jederzeit betreten und wieder verlassen können. Versuchen Sie, Farben zu sehen und nach und nach alle Ihre Sinne in die Vorstellung mit einzubeziehen.
Versuchen Sie, Geräusche zu hören (Vogelzwitschern, Uhrenticken), Gerüche wahrzunehmen (Gras), die Oberfläche (Baumrinde, Wand) zu fühlen.
Tn/Kl soll alle seine Phantasie einsetzen. Er/sie soll sich damit einen Zufluchtsort schaffen, der immer dann aufgesucht werden kann, wenn er/sie sich geborgen fühlen will.

Im Laufe der Zeit wird Tn/Kl die vorgeschlagenen Bilder immer mehr zu seinen eigenen Vorstellungen machen. Er/sie sitzt dann vielleicht nicht mehr auf einem Fels am Strand, sondern unter einem Sonnenschirm im Liegestuhl. Wichtig ist dabei, daß das Bild möglichst konkret und plastisch ist, daß die Vorstellung nicht springt und daß möglichst viele Sinne in die Vorstellung integriert werden. Sehen, Hören, Riechen, Fühlen, Schmecken.
Vorschläge für weitere Übungen:
Blumenwiese, ein Landschaftsbild (evtl. auch -foto), Wolken, ein Vollbad in der Wanne.

Phantasiereisen

Bei Bedarf können – kombiniert mit systematischen Entspannungsmethoden – auch Phantasiereisen (z. B. auf freiwilliger Basis) angeboten werden, insbesondere solche, die eine Selbstreflektion im Sinne von Streßbewältigung anregen, z. B. »Reise zum weisen Mann« (Stevens) oder »Baum« (Basler u. a., 1989). Oder Phantasie- und Märchenreisen in Anlehnung an das Autogene Training (Müller, 1994) – siehe hierzu Literaturliste. Phantasiereisen mit niederfrequenter, suggestiver Musik (z. B. »Traumreise«, »Spaziergang am Bach« von Martin Buntrock) sind für viele Tn/Kl eine besonders angenehme Alternative.
Wichtig ist, daß in Streßverhaltenstrainings vor die jeweilige Phantasiereise eine systematische Entspannungsmethode (z. B. Kurzform Muskelentspannung) geschaltet wird und daß Tn/Kl zu diesem Zeitpunkt bereits über ausreichende Entspannungserfahrung verfügen, um negativen Empfindungen wie Ängsten vorzubeugen.

Beispiel: Weiser Mann
Dauer: ca. 15 Minuten; ausreichend lange Pausen machen
v. John O. Stevens, aus »Kunst der Wahrnehmung«, Chr. Kaiser Verlag, München 1975

Stellen Sie sich vor, Sie gingen bei Nacht einen Bergpfad hinauf. Der Vollmond scheint hell, so daß Sie den Pfad und auch recht viel von der Umgebung erkennen können ... Wie ist der Weg? ... Was sehen Sie um sich herum? ... Was empfinden Sie, während Sie so bergan steigen? … Vor Ihnen ist ein kleiner Seitenweg, der höher hinauf zu einer Höhle führt. Hier wohnt ein sehr weiser Mann, der Ihnen auf jede Frage antworten kann. Gehen Sie den Seitenweg hinauf zu Höhle … Beachten Sie, wie die Umgebung sich ändert, wenn Sie näher zur Höhle kommen …

Vor der Höhle brennt ein kleines Holzfeuer, und Sie können im Schein der tanzenden Flammen den stillen, weisen Mann undeutlich erkennen … Gehen Sie hinauf, legen Sie Holz nach und setzen Sie sich still hin … Das Feuer brennt heller, und nun können Sie den Mann deutlicher sehen. Lassen Sie sich Zeit, ihn wirklich wahrzunehmen – seine Kleider, seine Gestalt, sein Gesicht, seine Augen …

Richten Sie eine Frage an ihn, die Ihnen wichtig ist, und während Sie sprechen, geben Sie acht, wie der Weise auf das reagiert, was Sie ihm sagen.

Vielleicht antwortet er mit einer Bewegung oder mit seinem Gesichtsausdruck, vielleicht spricht er aber auch oder zeigt Ihnen etwas … In welcher Art antworten Sie? …

Jetzt sind Sie selbst der weise Mann … Wie ist Ihre Existenz als solcher? … Wie gestaltet sich Ihr Leben? … Wie begegnen Sie dem Besucher, der Sie fragt? … Was empfinden Sie ihm gegenüber? … Wie reagieren Sie auf seine Frage – mit Worten, Gesten oder mit einer Tat?

Tauschen Sie wieder die Rollen und setzen Sie den Dialog fort. Verstehen Sie, was der Weise Ihnen sagt? … Haben Sie sonst noch Fragen an ihn? … Was empfinden Sie ihm gegenüber? …

Setzen Sie das Gespräch fort – Sie sind jetzt wieder in der Rolle des Mannes. Was können Sie dem Besucher sonst noch sagen? …

Sie sind Sie selbst. Bald werden Sie sich von dem weisen Mann verabschieden müssen … Sagen Sie ihm vorher noch irgend etwas … Gerade, während Sie Abschied nehmen, wendet der Mann sich um und greift in einen alten Lederbeutel, um etwas ganz Besonderes zu suchen, das er Ihnen schenken möchte … Er zieht es hervor und gibt es Ihnen mit nach Hause … Sehen Sie sich das Geschenk an … Was empfinden Sie gegenüber dem alten Mann? … Sagen Sie es ihm und nehmen Sie Abschied …

Wenden Sie sich ab und gehen Sie den Bergpfad hinunter. Das Geschenk haben Sie bei sich … Achten Sie gut auf den Weg, damit

Sie ihn später einmal erkennen, wenn Sie den weisen Mann wieder besuchen wollen ... Nehmen Sie die Umgebung genau wahr. Wie ist Ihnen zumute? ...
Halten Sie die Augen geschlossen und bringen Sie das Geschenk mit, wenn Sie in diesen Raum zurückkehren ... Was hat der weise Mann Ihnen mitgegeben ... betrachten, beriechen, befühlen Sie es ... jetzt werden Sie selbst das Geschenk ..., welche Funktion haben Sie ..., wie kann man Sie schätzen ... Nun sind Sie wieder Sie selbst ... Legen Sie das Geschenk sorgsam an einen Platz in Ihrem Gedächtnis. Beenden Sie nun die Übung. Lassen Sie die Augen geschlossen, atmen Sie einige Male tief ein, bewegen Sie sich, strecken und räkeln Sie sich und öffnen Sie dann die Augen.

Instruktion zur Phantasiereise »Baum«
Aus: Basler H. D., Beisenherz B., Kaluza G., Rehfisch H. P.: »Schmerz im Gespräch« – Trainingskurs zur Schmerzbewältigung für Patienten mit chronischen Schmerzen (Boehringer, Mannheim, 1989)

»Schauen Sie auf Ihren Atem, ohne ihn zu verändern ...
Schauen Sie einfach nur zu, wie Sie ein- und ausatmen, ohne etwas dafür zu tun ...
Dies geht ganz von alleine, dieses ein- und ausatmen ...
Schauen Sie einfach nur Ihrem Atem zu ...
Betonen Sie nun das Ausatmen, geben Sie mit jedem Ausatmen noch etwas von Ihrer Anspannung ab, so daß Sie mit jedem Ausatmen noch etwas tiefer in die Entspannung kommen ...
Mit jedem Ausatmen gehen Sie tiefer in die Entspannung, immer weiter ..., immer tiefer ..., soweit, wie Sie mögen, wie es für Sie angenehm ist, nur soweit ...

Stellen Sie sich nun einen Baum vor ..., irgendeinen Baum, der gerade in Ihrer Vorstellung erscheint ...
Sehen Sie sich diesen Baum an ...
Was ist das für ein Baum? ...
Wie sieht er aus? ...
Wie groß ist er? ...
In welcher Umgebung steht er? ...

Schauen Sie sich die Umgebung näher an …
Was sehen Sie dort alles? …
Schauen Sie wieder den Baum an …
Seine Äste, … die Blätter, … die Rinde …
Stellen Sie sich die Wurzeln vor, wie weit Sie in die Erde ragen … sich immer mehr verzweigen …
Spüren Sie den Halt, den sie dem Baum geben …
Wie er mit Ihnen fest in der Erde verwurzelt ist …
Stellen Sie sich vor, wie der Baum mit diesen Wurzeln das Wasser aus dem Boden aufnimmt und es in Nährflüssigkeit umwandelt …
Spüren Sie die Kraft, die durch die Nährflüssigkeit im Baum aufsteigt … Wie sie durch seine Wurzeln fließt …, durch den Stamm …, durch die Äste …, bis hin zu den Blättern …

Stellen Sie sich nun vor, es ist Frühjahr …
Erleben Sie den Frühling, wie der letzte Schnee schmilzt …, die Knospen sprießen …, die Sonne etwas wärmer wird …, das Leben um den Baum herum erwacht … Nehmen Sie die Vögel wahr … Die Frühlingslandschaft … Stellen Sie sich den Baum im Frühling vor, seinen Stamm …, die Äste …, die frischen Blätter … Die neuen taufrischen Blüten …, ihre Farben, ihren Geruch …
Verabschieden Sie sich nun vom Frühling.

Gehen Sie nun weiter durch die Jahreszeit und stellen Sie sich den Sommer vor …, die Wärme wird größer, die Sonne steht hoch am Horizont …
Es ist ein heißer Sonnentag, schauen Sie sich um …
Wie sieht die Landschaft um den Baum herum aus? …
Wie sieht der Himmel aus? … Wie sieht der Baum aus? …
Stellen Sie sich den Baum im Sommer vor, seinen Stamm …, die Äste …, die Blätter.
Ist es vielleicht ein Obstbaum, der Früchte trägt? …
Verabschieden Sie sich langsam von dem Sommer …

Stellen Sie sich den Herbst vor …
Es wird langsam etwas kälter …
Es gibt heftige Winde …, die die Blätter durchwehen, die den Baum seine festen Wurzeln spüren lassen, die ihm sicheren Halt geben …

Die Blätter fangen an zu welken, sie werden langsam gelb und dann braun ...
Der Wind weht vereinzelt Blätter ab ... Schauen Sie, wie sie vom Baum herunterfallen ...
Wie sie rings um den Baum herumliegen ... Wie sieht dieser Baum aus? ...
Sein Stamm ..., die Äste ..., die Blätter ...
Wie ist das Wetter? ... Schauen Sie sich die Landschaft um den Baum herum an ...
Verabschieden Sie sich nun langsam vom Herbst ...

Stellen Sie sich nun den Winter vor ...
Den Schnee ..., die Kälte ..., den Baum im Winter ...
Seinen Stamm ..., die Rinde, ... die Äste, ...
Den kalten Wind ..., den Schnee ..., das Eis ...
Sehen Sie nun zum Himmel, wie sieht er aus? ...
Wie ist die Landschaft um den Baum herum? ...
Verabschieden Sie sich nun langsam vom Winter ...

Kommen Sie jetzt langsam zum Ende ...
Spüren Sie Ihren Atem ...
Atmen Sie einige Male tief ein ...
Nehmen Sie den Raum in Ihrer Vorstellung wahr ...
Lassen Sie die Augen noch weiter zu und bewegen Sie sich ...
Strecken Sie die Beine ... Strecken Sie die Arme ...
Räkeln und strecken Sie sich ...
Kommen Sie jetzt hier in den Raum zurück und öffnen Sie langsam die Augen.«

7.1.5 Meditative Verfahren

7.1.5.1 Hintergrundinformationen

Unter meditativen Verfahren versteht man Versenkungsmethoden mit dem Ziel, sich weitgehend unabhängig zu machen von körperinneren und Umweltreizen, zugunsten einiger weniger Reize. Das heißt, weg von der Gedankenflut, hin zur intensiven Konzentration.

Seit Jahrhunderten wird meditiert, bei Haltungs- und Atemtechniken, beim Fixieren der Gedanken auf oft religiöse Inhalte. In buddhistischen Ländern wird schon im Kindergarten damit begonnen. In den letzten Jahren ist die transzendentale Meditation (TM) – besonders in Managerkreisen – in Mode gekommen.
Vielen Meditationsformen ist der Versuch gemeinsam, das Bewußtsein auf ein Objekt zu konzentrieren. Meditation läßt sich dabei als Vorgang intensiver Betrachtung beschreiben. Dies kann bis zur Identifizierung mit dem betrachteten Objekt gehen. Grundvoraussetzung dafür sind körperliche Entspannung und geistige Konzentration.
Ziel der Meditation ist hier die gesamtorganismische Ruhigstellung unter besonderer Berücksichtigung des kognitiven Systems z. B. durch Ausschalten der auf Umweltanpassung gerichteten diffusen Wahrnehmung (Abschirmung des Bewußtseins). Voraussetzung ist tiefe körperliche Entspannung und geistige Konzentration.

7.1.5.2 Lernziele

Die Tn/Kl

- wissen, was meditative Verfahren sind
- wissen, daß sie zur Senkung des Erregungsniveaus eingesetzt werden können
- erleben eine meditative »Schnupperübung«.

7.1.5.3 Ablauf

1. Muskuläre Entspannungsübungen zur Ruhigstellung der Motorik
2. Ruhigstellung des Vegetativums (AT)
3. Meditation mit einer weitergehenden Reduktion »äußerer« und »innerer« Wahrnehmung. Die so erreichte »Entlastung« des kognitiven Systems von inneren Rückmeldungsreizen ermöglicht eine »freiere Wahrnehmung«: Der Kreislauf zwischen vegetativer Erregung und kognitiver Registrierung dieser Erre-

gung mit daraus resultierender verstärkter selektiver Aufmerksamkeit für die im Zusammenhang mit innerer Erregung stehenden äußeren Reize wird so unterbrochen.

In der Meditation stellt Tn/Kl seine Aktivität zugunsten passiver Hingabe und Öffnung zurück. Dies bedeutet ein zeitweiliges Aufschieben der Urteilsbildung: Das Objekt wird kritiklos betrachtet. Der Tn/Kl wendet ihm passive Aufmerksamkeit zu und denkt nicht darüber nach.
Leitmotive: Betrachten, Sichöffnen, Loslassen, Geduld.
Dazu werden verschiedene Hilfsmittel benutzt, durch die das Bewußtsein des Tn/Kl von den alltäglichen Dingen abgelenkt werden soll. Das kann ein vorgestelltes Bild sein, ein Wort, ein Geräusch, ein Gegenstand, eine Idee, eine Tätigkeit o. ä.
Meditation ist sehr viel leichter zu erlernen, wenn Tn/Kl schon andere Entspannungstechniken beherrscht und sich muskulär und vegetativ ruhigstellen kann.
Wirkung: Eine Reihe physiologischer Veränderungen durch Meditation konnte nachgewiesen werden (Biofeedback).

- Der Hautwiderstand steigt durch die Abnahme der Schweißreaktion
- Puls- und Atemfrequenz sinken. Der Körper arbeitet auf Sparflamme.
- Spannungen und Streß werden reduziert.
- Der Organismus wird ruhiger, aber nicht schläfrig, sondern wacher.
- Der Blutdruck sinkt bei Hypertonikern.

Außerdem führt Meditation langfristig

- zu Ruhe und Gelassenheit
- zur Mobilisierung von Kraftreserven
- zu einer Erhöhung der kognitiven Leistungsfähigkeit
- zur Verbesserung der Konzentration.

Informationen für Tn/Kl

Meditation muß erlebt, erfahren werden.
Sie kann nicht beschrieben werden, bestenfalls ist eine Annähe-

rung in Bildern und Vergleichen möglich oder aber eine negative Definition durch Auflistung dessen, was Meditation nicht ist.
Meditation ist jederzeit möglich.
Man kann auch in meditativem Zustand aktiv sein. Meditative Ruhe ist wie ein leerer Himmel: Gedanken kommen und gehen wie vorüberziehende Wolken, stehen nie still, verändern sich ständig. Irgendwann ist der Himmel zwischendurch vollkommen klar und leer. Es gibt keine Ablenkung mehr. Es bleibt ein ruhiges Beobachten ohne Inhalt, ohne Konzentration, ohne Anstrengung.

Meditationshaltungen

Es gibt zwei gängige Wege zur Selbstversenkung:
Von der Haltung zum Gehalt (Zen-Meditation/Yoga) oder vom Gehalt zur Haltung (Meditation mit einem Mantra). Die Haltung spielt bei allen »meditativen Sitzungen« eine wesentliche Rolle.
Die Übungen werden sitzend absolviert, da das Ziel der Meditation nicht entspanntes Träumen, sondern wachbewußte Hingabe ist. Die Haltung während der Meditation ist sehr wichtig.
Bei allen Sitzhaltungen soll die Wirbelsäule gerade gehalten werden.
Die einmal gewählte Stellung soll möglichst bis zum Ende der Übung beibehalten oder nur geringfügig verändert werden. Ein wesentlicher Bestandteil der Meditation ist die Regungslosigkeit. Sie allein führt bereits zu erwünschten physiologischen und psychologischen Veränderungen (Zen-Meditation).
Es gibt drei typische Sitzhaltungen. Für alle drei Beispiele gelten die gleichen Vorbereitungen wie bei den Entspannungsübungen.
Zusätzlich sollte man:

- frühestens eine Stunde nach der letzten Mahlzeit beginnen
- vorher keine anregenden Getränke zu sich nehmen
- sich mit dem Rücken zur Lichtquelle setzen
- sich genügend Zeit nehmen (20–30 Minuten)
- eine möglichst reizarme Umgebung wählen (keine tickende Uhr oder stark gemusterte Tapete).

1. Sitzen auf einem normalen Stuhl

Anleitung:
Wählen Sie einen harten Stuhl oder eine Holzbank. Bequeme Sessel und Armlehnen behindern die Haltung. Setzen Sie sich auf die Mitte der Sitzfläche, ohne sich anzulehnen. Versuchen Sie, aufgerichtet zu sitzen. Das fällt anfangs schwer. Der Rücken krümmt sich immer wieder. Im Laufe der Zeit jedoch kräftigt sich die Rückenmuskulatur. Der Rücken soll allein von der Wirbelsäule getragen werden. Die anderen Muskeln bleiben locker. Achten Sie besonders auf Entspannung in den Schultern.
Versuchen Sie, auch den Kopf gerade zu halten und das Gesicht zu entspannen. Schließen Sie die Augen, oder lassen Sie sie halb offen. Sie können die Beine entweder mit geöffneten Knien überkreuzen oder mit geschlossenen Knien parallel nebeneinander stellen.
Die Hände liegen locker im Schoß. Sie können sie wie bei der Zen-Meditation schalenförmig ineinanderlegen. Die rechte Hand nach unten, die linke nach oben (Linkshänder umgekehrt), die Daumen berühren sich leicht.

2. Lotossitz und Halblotossitz

Anleitung:
Setzen Sie sich auf den Boden oder anfangs zur Erleichterung auf eine zusammengefaltete Decke oder ein Kissen (ca. 5 cm Höhe), zunächst im Schneidersitz.
Beim Halblotossitz legen Sie den linken Fuß auf den rechten Oberschenkel; beim Lotossitz legen Sie den rechten und den linken Fuß auf Ihre Oberschenkel. Beide Knie sollen dabei den Boden berühren. Setzen Sie sich kerzengerade wie bei der Stuhlhaltung. Auch die Haltung des Kopfes und der Hände soll der oben beschriebenen Form entsprechen.

3. Fersensitz

Anleitung:
Knien Sie sich auf eine zusammengefaltete Decke oder ein Kissen und lassen Sie sich auf die Fersen nieder. Die Fersen kippen auseinander und die großen Zehen berühren sich. So entsteht eine

Mulde, in die Sie sich bequem setzen können. Die Haltung des Kopfes und der Hände soll der oben beschriebenen Form entsprechen.
Lotos- und Fersensitz sind für Anfänger meist anstrengend und verursachen häufig Dehnungsschmerzen, z. B. in den Oberschenkeln. Deshalb empfiehlt es sich für den Tn/Kl zunächst, die Stuhlhaltung einzunehmen oder aber Fersen- und Lotossitz regelmäßig auch als gymnastische Dehnungsübungen zu trainieren.
Tn/Kl. soll versuchen herauszufinden, welche der drei Formen ihm/ihr am ehesten entsprechen.

Wirkung von Meditationsübungen:

- Verbesserung der Konzentration
- Kognitive Entspannung
- Abstand vom Alltag
- Einstieg in meditative Prozesse.

Einige Meditationsübungen:

Atemzählen (Vipassana)
Atemzählen ist eine altbewährte, einfache Meditationsübung, um sich vom Alltag zu lösen und ruhig zu werden. Wer geduldig sitzt und zählt, wird von selbst ruhig.
Wichtig: Zeit nehmen! (ca. 20–30 Minuten)

Nicht zu früh aufhören, denn es dauert längere Zeit, um überhaupt zur Meditation zu kommen. In der 2. Phase nicht mehr aktiv den Atemrhythmus verändern, sondern einfach los- und geschehen lassen. Den Meditationsvorgang nicht abrupt beenden, sondern langsam zurücknehmen.

Anleitung:
Nehmen Sie Sitzhaltung ein. Am besten nur das Ausatmen zählen. Atmen Sie aus, und zählen Sie in Gedanken »1«, oder stellen Sie sich eine »1« vor. Beim nächsten Ausatmen eine »2« usw. bis »10«. Beginnen Sie dann erneut. Wenn Sie störende Gedanken ablenken, beginnen Sie wieder bei »1«.

Konzentration auf ein Objekt
Einfach ist für den Anfänger auch diese Form. Dabei konzentriert er sich auf ein beliebiges Objekt.
Anleitung:
Lassen Sie zu Beginn der Übung die Augen nach oben (in Richtung Augenbrauen) rollen, und halten Sie den Kopf gerade. Schließen Sie nach einer Weile langsam die Augen, und fahren Sie mit geschlossenen Augen fort. Atmen Sie entspannt und ungezwungen. Konzentrieren Sie sich auf ein imaginäres Objekt (Kreuz, Kerzenflamme, Lichtkreis). Verweilen Sie bei dem vorgestellten Objekt. Schieben Sie aufsteigende Gedanken sanft beiseite (»Nicht jetzt, später«).
Wie alle Meditationsformen, erfordert auch diese viel Geduld und Disziplin, bis die Meditationsdauer beliebig lange ausgedehnt werden kann und ohne Unterbrechung durch störende Gedanken bleibt.

Meditieren mit einem Mantra
Die Transzendentale Meditation (TM) basiert auf der alten indischen Mantra-Technik. Sie ist auf westliche Bedürfnisse zugeschnitten und laufend verändert worden. Der Meditierende konzentriert sich auf ein oder mehrere Wörter (Mantra). Dieses Mantra muß nicht wie bei der alten indischen Technik einen religiösen Hintergrund haben, aber mit Ruhe und Harmonie verknüpft werden können.
Benson (1974) konnte durch TM eine Senkung des Blutdrucks bei Hypertonikern nachweisen.
Anleitung:
Wählen Sie ein für Sie geeignetes Mantra. Sie können eines der zwei hier angegebenen Worte verwenden oder ein Wort Ihrer Wahl mit gutem Klang und ohne emotionale Bedeutung für Sie.
- Shirim (hebräisch: Gesang)
- Ahnam (sanskrit: namenlos)

Gehen Sie bei der Meditationssitzung in folgender Reihenfolge vor:

1. Das Mantra langsam und rhythmisch sprechen. Zuerst laut, dann immer leiser

2. innerlich vorsagen
3. denken.

Tn/Kl sollte sich möglichst zweimal täglich 20 Minuten Zeit dafür nehmen. Ansonsten ist die Vorgehensweise genauso wie bei den beiden vorherigen Übungen.

Musikmeditation
Als Einstieg in meditative Verfahren kann auch geeignete Musik unterstützen. Außerdem können sich Tn/Kl, die Schwierigkeiten haben, sich so lange zu konzentrieren, der Musik lauschen und träumen und haben so keine Mißerfolgserlebnisse.

Trainingsprotokoll

Für viele Tn/Kl ist das Führen eines Entspannungsprotokolls eine wichtige Transferhilfe. Insbesondere wenn das Streßverhaltenstraining über mehrere Wochen verteilt ist, können sich Tn/Kl anhand der Protokolle bei der Transferkontrolle detailliert über ihre Erfahrungen austauschen.

Trainingsprotokoll Entspannungsübungen

Datum	Tageszeit	Übungsdauer (Min.)	Übungsschritt	Zufriedenheitsnote	Bemerkungen

7.2 Systematische Problemlösung

7.2.1 Vorgehensweise in acht Schritten

Diese Technik dient der Bewältigung von wesentlichen individuellen Belastungen (aus der Stressorenliste) der Teilnehmer (Ansatzpunkt primär: Stressoren <S>). Zusätzlich erlernen die Teilnehmer Problemlösen als Fertigkeit (Ansatzpunkt Person <0>), und sie verfügen somit über eine weitere effektive Bewältigungstechnik anderer (auch zukünftiger) Belastungen. Hier ist ein Gruppentraining von großem Vorteil, da einerseits durch die anderen Teilnehmer eine Vielzahl von denkbaren Bewältigungsmöglichkeiten vorgeschlagen wird, zum anderen jeder einzelne von den Problemlösungsschritten der anderen profitiert (Generalisierung/Modellernen).
Die systematische Problemlösung kann gut bei Sachproblemen (z. B. am Arbeitsplatz) angewandt werden – gerade in homogenen Gruppen – und überzeugt daher auch sachorientierte Menschen.
Das Hinterfragen des Problems erzeugt bei der Gruppe Einsicht in die Notwendigkeit, Bewertungen zu verändern.
Möglichst nicht bei Problemen anwenden, bei denen offensichtlich eine Einstellungsänderung angebracht ist! Beide Techniken (Einstellungsänderung und Problemlösung) sind in der Kombination meist zu komplex, daher besser trennen.
Eine spezielle Form der systematischen Problemlösung kann für homogene Gruppen, beispielsweise für die Lehrerschaft einer Schule oder für die Mitarbeiter eines Betriebs und zwar in der Form durchgeführt werden, daß man:

- gemeinsam Stressoren sammelt
- nach Problemfeldern geordnet Gruppierungen bildet
- dann die Probleme herausgreift, die man langfristig innerhalb des Betriebs, z. B. als strukturelle Veränderungen etc. durchsetzen und erreichen möchte
- Aufgaben, Verantwortlichkeiten verteilt
- die Erfolgskontrolle plant
- und z. B. alle vier Wochen gemeinsam durchführt.

Dies wird häufig im Rahmen von Förderkreisen praktiziert. Individuelle Streßbewältigung erfolgt hierbei aber nur indirekt oder als erfreulicher Nebeneffekt.

7.2.2 Lernziele

Die Tn/Kl

- kennen die systematische Problemlösung als Methode zur langfristigen Stressorenbewältigung
- können die Schritte der systematischen Problemlösung anwenden und auf eigene Beispiele aus ihrem Alltag übertragen
- können sich konstruktiv mit der Stressorenbewältigung anderer auseinandersetzen
- (kennen Wege zum Zeitmanagement).

7.2.3 Ablauf

Hintergrundinformationen

Im Kurs wird ein typisches Beispiel erzählt, bei dem jemand immer wieder ähnlichen/den gleichen Stressoren ausgesetzt ist und sich belastet fühlt. Zur Verdeutlichung können Geschichten, Metaphern o. ä. herangezogen werden, z. B. »Die Grube im Gehsteig«.

Die Grube im Gehsteig

Eine Autobiographie in fünf Kapiteln von Portia Nelson
(aus: Sogyal Rinpoche: The Tibetan Book of Living and Dying)

1. Kapitel

Ich gehe die Straße entlang.
Im Gehsteig gähnt eine tiefe Grube.
Ich stürze hinein,
fühle mich verloren. Hoffnungslos!

Mein Fehler ist das nicht!
Es dauert eine Ewigkeit,
bis ich den Ausweg
aus der Grube gefunden habe.

2. Kapitel

Ich gehe dieselbe Straße entlang.
Im Gehsteig eine tiefe Grube.
Ich tue so, als würde ich sie nicht sehen
und stürze neuerlich hinein.
Kaum zu glauben: schon wieder
bin ich in derselben Lage.
Mein Fehler ist das nicht!
Es dauert einige Zeit, bis ich den Ausweg gefunden habe.

3. Kapitel

Ich gehe dieselbe Straße entlang.
Im Gehsteig eine tiefe Grube.
Ich sehe sie
und stürze trotzdem hinein –
einfach, weil ich es so gewohnt bin.
Meine Augen sind offen,
ich weiß, wo ich gehe.
Es ist allein *mein* Fehler!
Im nächsten Augenblick schon bin ich hinausgeklettert.

4. Kapitel

Ich gehe dieselbe Straße entlang.
Im Gehsteig eine tiefe Grube.
Ich mache einen Bogen um die Grube.

5. Kapitel

Ich folge einer anderen Straße.

Die Strategie der Problemlösung in acht Schritten wird dann für den Bereich langfristiger Belastungen – auch rein sachlicher Probleme – als Methode, ein optimales Verhalten vorzubereiten und zu ermöglichen, vorgestellt

Dazu wird ein Beispiel aus dem Teilnehmerkreis (z. B. chronische Zeitnot, hektischer Tagesablauf) gemeinsam im Plenum erarbeitet, diskutiert und auf Flipcharts festgehalten. Die anderen Teilnehmer überprüfen dieses Exempel auf seine Übertragbarkeit für die eigenen Probleme. Als Hausaufgabe sollen die Tn/Kl eigene Situationen auswählen, die für die systematische Problemlösung geeignet sind. Sie benennen das Problem und beschreiben es genau. Die weiteren Schritte erfolgen dann im Plenum oder – von Tr/Th begleitet – in Kleingruppen.

Informationen für Tn/Kl

Stressoren bewältigen heißt, langfristig individuelle streßauslösende Bedingungen verändern, z. B. Probleme lösen, ungerechtfertigte Kritik zurückweisen, Gespräche mit Konfliktpartnern führen, Arbeiten delegieren, usw.
Durch systematisches Überlegen und Planen kann man effektiver als durch zielloses Vorgehen Lösungen für häufig auftretende und wichtige Stressoren erarbeiten. Außerdem kann man sich auf zukünftige Belastungen vorbereiten und damit deren unangenehme Wirkungen abschwächen oder sogar verhindern.
Bei guter Überlegung in entspannter Situation gelingt es eher, sich der eigenen Schwachstellen bewußt zu werden. Im Streß jedoch machen viele Menschen immer wieder dieselben Fehler. Viele Personen tragen jahrelang die gleichen Stressoren mit sich herum, ohne sich jemals intensiv mit ihnen auseinanderzusetzen. Vielleicht, weil man keine Zeit hat oder man über eigene Schwächen verärgert ist oder glaubt, daß es eben keine Lösung gibt. Die Neigung, Probleme aufzuschieben oder sie impulsiv und wenig durchdacht in »altbewährter Manier« zu lösen, ist weitverbreitet.

1. Schritt: Stressorenauswahl
Die Teilnehmer suchen aus ihren Stressorenlisten je ein für sie wesentliches Problem aus, das sie aktiv bewältigen wollen.

2. Schritt: Beschreibung des Problems
Das Problem/die Situation, die eigenen Reaktionen sowie daraus entstehende Konsequenzen werden nach dem Prinzip der Verhaltensanalyse möglichst konkret und detailliert erfragt. Das ist z. T. bereits bei der individuellen Streßanalyse erfolgt.

3. Schritt: Zieldefinition
Dann legen Tr/Th und Tn/Kl gemeinsam das erwünschte Ziel – auf der Verhaltens- und auf der emotionalen Ebene fest.

4. Schritt: Sammeln von Lösungsmöglichkeiten
Nun werden im Sinne eines »Brainstormings« von allen Gruppenteilnehmern (auch Tr/Th) möglichst viele Problemlösungen gesammelt und schriftlich für alle gut sichtbar auf dem Flipchart festgehalten. Zunächst erfolgt keinerlei Bewertung, auch momentan unsinnig erscheinende Vorschläge werden zugelassen, die Phantasie hat freien Lauf. Kombinationen und Verbesserungen von Strategien werden ebenfalls notiert.
Durch die Trennung von Lösungssuche und Bewertung wird die Menge der Vorschläge erhöht, eine vorschnelle Gegenargumentation/Verteidigung des betroffenen Teilnehmers wird verhindert.

5. Schritt: Bewertung und Auswahl
Der Sammlung folgt die Bewertung der Lösungen: Aus dem gesammelten Material streicht der/die betroffene Tn/Kl die ungeeigneten Lösungen (ohne Hilfe der Gruppe). Tr/Th sollte darauf achten, daß Tn/Kl nicht unreflektiert Lösungen aussortiert. In diesem Falle ist die Vorgehensweise der Tn/Kl zu hinterfragen. Die verbleibenden Möglichkeiten werden auf ihre Realisierbarkeit hin überprüft. Kriterien hierfür sind die zu erwartenden Konsequenzen: die persönlichen Folgen für Tn/Kl und die sozialen und beruflichen Folgen für andere beteiligte Personen, und zwar in kurz- und langfristiger Hinsicht. Hier können alle konstruktiv mitwirken. Lösungsvorschläge können Tn/Kl umformulieren, wenn er/sie damit besser zurechtkommt.
Falls sinnvoll, kann eine Rangreihe der Lösungen gebildet werden (Priorität 1-3). Daraufhin wird entschieden, welche der möglichen Lösungen oder welche Kombination von Lösungen durchgeführt wird. Dies ist in der Regel die Strategie, die am erfolgversprechendsten, ohne unangemessenen Aufwand durchführbar ist, und die geringsten oder keine negativen Folgen hat.

6. Schritt: Handlungsplan
Es werden Maßnahmen zusammengestellt, die die gewählte Lösung verwirklichen helfen. Die Schritte müssen dabei dem genau

geplanten Handlungsablauf entsprechen. In einem Zeitplan wird festgelegt, bis zu welchem Termin die einzelnen Schritte realisiert werden sollten. Es ist zu beachten, daß zur Verwirklichung genügend Zeit vorhanden ist und nicht zu viele Maßnahmen gleichzeitig ergriffen werden.

Handlungsplan

wann	was	wie	wo	mit wem

Die Durchführung der Schritte erfolgt als »Hausaufgabe« außerhalb des Kurses.

7. Schritt: Umsetzung
Die Realisierung erfolgt gemäß der Handlungsplanung in möglichst einfachen Belastungssituationen als Hausaufgabe. Wenn die Belastung so bewältigt wird, ist das Ziel der Technik erreicht; führt die Umsetzung zu Mißerfolgen und Pannen, muß eine Analyse der Ursache folgen.

8. Schritt: Erfolgsprüfung
Die Durchführung wird in der Gruppe diskutiert. Erfolge/Mißerfolge in den einzelnen Teilschritten werden auf Konsequenzen überprüft. Waren die Maßnahmen erfolgreich, ist die Problemlösung beendet. Bei Mißerfolg/Teilerfolgen wird überlegt, zu welchem Schritt der Teilnehmer zurückgehen soll, ob z. B. die Beschreibung des Problems nicht ausreichend war, ob weitere Schritte der Problemlösung gesammelt werden müssen oder der Handlungsplan überarbeitet werden muß.

Fallbeispiel der systematischen Problemlösung (Flipabschrift)
Managementtrainerin, 41 J.

1. Stressorenauswahl – »Montags-Streß«
2. Problembeschreibung
   – Anfang der Woche liegen viele Dinge unerledigt vor

- trotzdem/bzw. gerade deshalb Buch lesen
- am Abend schlechtes Gewissen
- Unerledigtes hindert an anderen Beschäftigungen:
  - an »Neuem«
  - am »frei sein« für etwas anderes
- leicht und schnell ablenkbar

zusammengefaßt: Leistungsreduktion und kein Genießen der Freizeit

3. Zieldefinition
Ich möchte montags effektiv arbeiten, meine Freizeit genießen und mich wohlfühlen können.

4. Lösungsmöglichkeiten
1 Prioritäten setzen für den Tag
1 Zettel anfertigen
1 Zettel mit genauen Zeitangaben
Tages-/Wochenplan
3 nach Tag Belohnung
Störquellen abstellen
Freizeitplatz einrichten
1 Freizeit einplanen
Zettelkasten
Pin-Wand
Schreibtisch ordnen
Notizzettel (in jedem Zimmer)
Notizzettelkontrolle (durchstreichen/wegwerfen)
Personen, die kontrollieren/nachfragen
2 Wecker, Signal, Recorder (Formel)
Vorbereitung (z. B. Essen), damit keine Ablenkung
1 Arbeitszeiten festlegen
2 Entspannungspausen (Kopf auslüften)
Spazierengehen
Delegieren
Buch lesen (z. B. Seiwert, s. Literaturliste)
Seminar besuchen (Streß)
1 Prioritätenkasten (1 … 2 … 3 …)
mit leichter Sache beginnnen

1 Vorgänge durchziehen (nicht unterbrechen)
Unerledigtes sofort in Prioritätenkasten ordnen
2 Anrufbeantworter
3 leichte Tätigkeiten für Tiefpunkte sammeln

5. Bewertung und Festlegung der Reihenfolge
1 Prioritäten setzen für den Tag, die Tätigkeiten mit genauen Zeitangaben versehen und in Zettelkästen (nach Wichtigkeit) ordnen, die Arbeits- und Freizeit festlegen
2 Entspannungsübungen einplanen, den Anrufbeantworter ggfs. einschalten, Wecker stellen
3 leichte Tätigkeiten »sammeln«, um Tiefpunkte auszufüllen, Belohnungen für den Tag festlegen.

6. Handlungsplan (Zeit/Ort)
nächster Montag: Wochenplan (Die.-Fr.) ausarbeiten, d. h.
- Planung/Festlegung von Arbeits- und Freizeit
- Prioritäten setzen, Kästchen anlegen
- Zeiten für Entspannung/Sport einplanen

Dienstag: Umsetzung des Tagesplans

7. Umsetzung ab dem nächsten Montagmorgen

8. Erfolgskontrolle
- auf Band sprechen – abends anhören
- Flips aufhängen und abschreiben
- Freitag: > Überprüfung der Punkte
  > Veränderungen festhalten
  – Wie ging es mir an jedem der Tage?
  – Hat die Leistungseffektivität zugenommen?
  – Kann ich die Freizeit genießen?
- Beim Streßfolgetraining über meine Erfolge berichten.

Arbeits- und Informationsblatt für Tn/Kl

Systematische Problemlösung

1. Schritt *Stressorenauswahl*

2. Schritt *Beschreibung des Problems*
möglichst konkrete Suchfragen stellen wie:
- Entwicklung des Problems
- Welche Hindernisse gibt es?

3. Schritt *Zieldefinition*
- Was will ich erreichen?
- Wie will ich mich fühlen?

4. Schritt *Sammeln von Lösungsmöglichkeiten*
- Brainstorming-Verfahren:
- Welche Hilfen sind möglich?
- Möglichst viele, auch unsinnige Ideen zulassen und zunächst nicht bewerten.

5. Schritt *Bewertung und Auswahl*
- Ungeeignete Lösungen werden ausgesondert
- Bildung einer Rangreihe nach vermutlicher Qualität und Realisierbarkeit der Lösungen
- Entscheidung für eine (Kombination von) Lösung(en).

6. Schritt *Handlungsplan*
- Reihenfolge, Zeitplan, Ort festlegen und schrittweise vorgehen.

7. Schritt *Umsetzung*
- Handlungsplan in der Realität erproben.

8. Schritt *Erfolgsprüfung*
- Planen, wie Erfolg festgestellt werden kann, und die Effizienz überprüfen, bei Mißerfolg eine Fehleranalyse durchführen und neue Lösungen wählen. Definition neu fassen, evtl. andere Personen um Tips bitten.

Exkurs: Zeitmanagement und Arbeitsmethodik

Häufig werden Zeitnot, fehlende Arbeitsmethodik etc. als Stressoren geschildert. Wenn im Training viele davon Betroffene sind, empfiehlt es sich, kurz auf Zeitmanagement oder Arbeitsmethodik einzugehen. Gerade wenn Tn/Kl sagen, daß sie zuviel in einen Tag packen.

Informationen für Tn/Kl

Ein paar Worte zum Sinn von Pufferzeiten:
»Leider keine Zeit«, bekommt man in unserem hektischen Tagesablauf immer häufiger zu hören. Bedenkt man, daß wir soviel Freizeit haben wie nie zuvor, ist das recht erstaunlich. Trotzdem sind Eile, Termindruck und Unerledigtes Stressoren, die viele von uns betreffen. Gerade in unserer »atemlosen« Zeit mit sehr vielen »Zeitsparern«, geraten wir paradoxerweise immer mehr unter Zeitdruck. Speziell Personen, die z. B. Handys, Autotelefon, Fax, Computer und andere hervorragende »Zeitsparer« zur Verfügung haben, sind besonders häufig in Zeitnot. Nicht zuletzt deshalb, weil eben die Pufferzeiten fehlen. Alles muß sofort erledigt werden; man ist sofort, überall und jederzeit erreichbar und soll sofort jederzeit reagieren.
Jede fehlende Pufferzeit kann sich so auswirken, daß an und für sich völlig banale Dinge – wie z. B. zwei rote Ampeln hintereinander – zum Stressor werden. Wenn entsprechende Pufferzeit eingeplant wurde, empfindet man dies vielleicht als lästig, aber auch nicht mehr.
Den individuellen, typischen »Zeitfressern« kommt man am besten auf die Spur, wenn man zunächst einige Tage (noch besser: zwei bis drei Wochen) beobachtet, womit man seine Zeit verbringt, dabei Prioritäten setzt und die Störungen im Arbeitsablauf feststellt.

Häufige Gründe für Zeitverschwendung

Tn/Kl sollen die für sie zutreffenden Punkte ankreuzen und diese in ihr persönliches Antistreßprogramm eintragen.

- Besprechungen, Konferenzen
- Besucher
- Telefon
- überflüssiger Kleinkram
- mangelnde Delegation
- unordentlicher Schreibtisch
- fehlende Zielsetzung
- mangelnde Prioritäten
- Unentschlossenheit
- Perfektionismus
- Mangel an Selbstdisziplin
- zuviel auf einmal beginnen
- Verstrickung in Routine und Details
- fehlende Kontrolle über Arbeitsfortschritt
- fehlende Information/Kommunikation
- Typ-A-Verhalten (z. B. Hektik)
- Störungen von außen
- ....
- ....
- ....

Zeitgewinn – Ökonomische Arbeitsweise

In der folgenden Checkliste sind einige wichtige Tips zum Zeitmanagement zusammengestellt.

Zeit gewinnen und ökonomisch arbeiten heißt:
1. Zeitbewußtsein entwickeln
2. Nie mehrere Ziele gleichzeitig zu erreichen suchen
3. Rangordnung für die vorliegenden Arbeiten schaffen
4. Positive Selbst- und Fremdkontrolle

Das bedeutet:
- Morgens richtig anfangen
- Unerledigtes sichtbar machen
- Den eigenen Arbeitsplatz sinnvoll organisieren
- Tagespläne und Wochenpläne aufstellen
- Mit Checklisten arbeiten
- Mit Soll- und Kann-Vorsätzen arbeiten

- Wissenschaftliche Erkenntnisse nutzen
- Arbeit delegieren
- Erfolgreich zusammenarbeiten (teamwork)
- Systematische Problemlösung betreiben
- Systematische Fehleranalyse anwenden
- Gute Arbeit anerkennen
- Den eigenen Arbeitsrhythmus kennen und nutzen
- Abends rechtzeitig abschalten
- Nicht ablenken lassen
- Wichtiges festhalten (Notizen)
- Wichtiges von Unwichtigem trennen
- Mit der eigenen Energie haushalten
- Ordnung halten
- ....
- ....
- ....

Kurzform der Systematischen Problemlösung

Wenn nur zwei oder drei Tage zur Verfügung stehen, kann man die Systematische Problemlösung exemplarisch an einem Fall behandeln (Dauer: 1–2 Std.). Wenn die Zeit ausreicht, kann noch jeweils ein weiteres Beispiel in kleinen Gruppen behandelt werden. Zusätzlich gibt es eine weitere Möglichkeit, vom ersten Seminartag an zumindest einige Schritte zur Problemlösung so anzugehen, daß sämtliche im Kurs vermittelte Methoden integriert werden und jede Person intensiv an einem eigenen Stressorenbeispiel arbeitet:

1. Schritt:
Tn/Kl sammeln und beobachten ihre Stressoren (bereits bei der persönlichen Stressorenanalyse). Jede(r) entscheidet sich dann, an welchem Stressor er/sie über das ganze Seminar hinweg weiterarbeiten möchte. Dieses Stressorenbeispiel wird im Plenum genannt. Tr/Th sollte die Beispiele zumindest als Überschrift gehört haben, um z. B. traumatische Belastungen oder solche, die ganz sicher im Training (Kurs) nicht lösbar sind, auszuschließen.

2. Schritt:
Danach gruppieren sich Tn/Kl zu dritt, je nach Interesse an dem Problem und natürlich auch nach Sympathie, wie sie zusammenarbeiten wollen. Hier ist es wichtig darauf hinzuweisen, daß Tn/Kl nicht am gleichen Problem arbeiten sollen: Streß ist individuell, und es kommt auf die Bewertung an. Wenn alle drei die gleiche Themenüberschrift haben, ist die Gefahr sehr groß, daß sie sich darin bestätigen, »na ja Streß mit der Schwiegermutter, das kenn ich«, nicht mehr richtig zuhören und hinterfragen, sondern nur das eigene Beispiel im Hinterkopf haben, sich in ihrem »Leid« bestätigt sehen und passiv bleiben.

3. Schritt:
Dann wird so gearbeitet, daß Person A 10 Minuten Zeit bekommt, ihr Problem zu schildern. Die anderen Gruppenmitglieder hören zu, bewerten nicht, geben keinerlei Lösungsvorschläge und versuchen mit Schlüsselfragen, wie:
»Seit wann besteht dieses Problem?«
»Welche Personen sind beteiligt?«
»Was geht dir durch den Kopf?«
der betroffenen Person zu helfen, das eigene Problem besser zu verstehen. Wenn B und C Lösungsvorschläge haben, können sie sich diese notieren, damit sie nicht in Vergessenheit geraten, aber nicht schon an dieser Stelle nennen.
Dann schildert B und danach C die eigene Belastungssituation auf dieselbe Weise.

4. Schritt:
Nach dieser Runde (30 Min.) trifft man sich wieder im Plenum. Jetzt kann ein wenig Theorie Input zur Stressorenbewältigung folgen. Dabei kann man zurückgreifen auf Coping-Vorschläge der Tn/Kl.

5. Schritt:
Danach gehen Tn/Kl wieder zurück in ihre Dreierkonstellationen, um systematisch Problemlösungen zu sammeln.
Hilfreich ist vielleicht, mit einem Formblatt zu arbeiten, z. B. *»Arbeitsblatt Streßsituation«*. Tn/Kl überlegen, ob die diskutierten, gesammelten Möglichkeiten der Stressorenbewältigung für einen

selbst oder die beiden anderen geeignet sind bzw. welche Vorschläge man für die beiden anderen Tn/Kl notiert hat.

6. Schritt:
Dann werden die eigenen und fremden Lösungsvorschläge für jede Person gesammelt, diese hört zunächst nur zu, notiert die Vorschläge möglicherweise in ihrem Arbeitsblatt und bewertet nicht.
Es sollte nicht diskutiert (und damit »zerredet«) werden, nur möglicherweise hinterfragt, z. B. wenn jemand eine Methode vorschlägt und die betroffene Person nicht weiß, worum es sich handelt.

7. Schritt:
Bei allen Techniken die zu diesem Zeitpunkt noch nicht besprochen und trainiert wurden (z. B. kurzfristige Erleichterungstechniken, Einstellungsänderung), werden die Tn/Kl später aufgefordert, wieder in ihre Dreiergruppen zu gehen und die eben erarbeiteten Methoden in ihre persönlichen Beispiele zu integrieren.

8. Schritt:
Das Rollenspiel kurzfristige Erleichterung sollte dann auch mit den Beispielen, die die Tn/Kl nun ja schon sehr intensiv bearbeitet haben, erfolgen. Es sei denn, einzelne Tn/Kl tun sich sehr schwer damit, hier Interventionszeitpunkte zu definieren bzw. wollen das Problem primär langfristig lösen.
In diesem Fall empfiehlt man zunächst, zu Übungszwecken eine Streßsituation wie Warteschlange, Verkehrsstau, Zahnarztbesuch, hektisches Verhalten oder Aggressionen anderer als Arbeitsbeispiel zu verwenden.

Arbeitsblatt für Tn/Kl

Streßsituation

S ◄—— langfristig ——► O   R   kurzfristig

Umwelt	*benötigte Fertigkeiten*	*Bewertung*	*kurzfristige Erleichterung*	
• bewältigen (b) • vermeiden (v) • reduzieren (r)	• Fertigkeiten aufbauen • Defizite abbauen	• verändern		
Technik	*Technik*	*Technik*	*Technik*	*Tn*
				A
				B
				C

7.3 Einstellungsänderung

7.3.1 Hintergrundinformationen

Da subjektiven Einstellungen eine wesentliche Rolle bei der Entstehung von Streß zukommt, sind kognitive Verfahren in einem Streßbewältigungstraining von großer Bedeutung. Sie helfen den Tn/Kl, sich der individuellen, streßerzeugenden Einstellungen und Gedanken bewußt zu werden, sie in Frage zu stellen, auf ihre Angemessenheit hin zu prüfen und sie in der Auseinandersetzung mit sich selbst und anderen zu verändern. Üblicherweise verwendete Methoden sind u. a.:

- Selbstbeobachtung
- Verhaltensanalyse
- die spezifische Form des Gesprächs mit dem Tn/Kl über dessen Werte- und Einstellungshintergrund (der sog. »sokratische Dialog«)
- Gruppengespräche mit direkter Rückmeldung durch die anderen Tn/Kl
- das Training von sich selbst unterstützenden positiven Selbstgesprächen in Streßsituationen
- Vorstellungsübungen zum Aufbau neuer, streßmindernder Einstellungen und Gedanken.

Einstellungen haben mehrere Aspekte (Mc Guire 69). Sowohl kognitive, als auch affektive Komponenten sowie die Komponente der Verhaltenstendenz beeinflussen die Einstellung gegenüber einem Objekt oder einer Situation. Eine Veränderung setzt demnach sinnvollerweise an allen drei Aspekten an.

Die Effektivität verschiedener Verfahren zur Einstellungsänderung konnte nachgewiesen werden (vgl. Meyer et al., 1991, Fliegel et al., 1981). Ein häufig angewendetes Verfahren zur Einstellungsänderung ist die Rational-emotive Therapie (RET), deren Verfahren von Albert Ellis in den 50er Jahren entwickelt wurde. Im Mittelpunkt dieser Therapieform stehen dysfunktionale Kognitionen, z. B. in Form von Bewertungen, Ideen oder Schlußfolgerungen, die das psychische Wohlbefinden des Individuums beeinträchtigen und/oder als Erklärungen von Verhaltensstörungen dienen können.

Von Interesse in einem Verhaltenstraining zur Streßbewältigung sind:

- Bewertungen und selbsterfüllende Prophezeiungen, die bei der Bewältigung von Belastungssituationen nicht hilfreich oder sogar gegenläufig sind, wie
  - »Der will mich ärgern«
  - »Das schaff ich nie«.

Viele Ereignisse werden erst dadurch belastend, daß sie als unangenehm, ärgerlich etc. bewertet werden. Die Realität wird oft so konstruiert, daß sie mit erheblichen negativen Konsequenzen verbunden ist.

- Diese Bewertungen können für das Individuum zum Verstärker werden, indem sie zu Eigenschaften von Situationen bzw. der eigenen Person deklariert werden. Die persönlichen Reaktionen (Streßreaktionen) auf diese Bewertungen werden wiederum als Verstärker (Beweise) für deren Richtigkeit wahrgenommen. Es ist oft schwierig, die auslösenden Situationen (Chef, Partner usw.) zu verändern. Bei solchen Stressoren, die (derzeit) nicht geändert werden können, lebt es sich besser (Hedonismus), wenn man die Situation, andere und nicht sich selbst abwertet, sich nicht schuldig fühlt oder ständig ärgert.
- Irrationale Einstellungen (nach RET/Ellis)
  - Irrationale Bewertungen sind nicht wahr:
    Sie ergeben sich nicht aus der Realität, werden nicht durch Beweise gestützt und sind oft Ausdruck von Übergeneralisierungen. Irrationale Einstellungen sind auch häufig extrem übertriebene Bewertungen einer Situation (Katastrophierungen), die sich z. B. in Beschreibungen wie »schrecklich«, »entsetzlich« oder »unerträglich« widerspiegeln.
  - Eine irrationale Überzeugung stellt eine Forderung dar:
    Sie äußert sich in Ansprüchen statt in Wünschen, unbedingten Ansprüchen statt in Präferenzen und absolutem Verlangen statt in Bedürfnissen.

– Eine irrationale Einstellung behindert die Zielerreichung: Das Festhalten an absoluten Gedanken und Ansprüchen und die Beeinträchtigung durch damit einhergehende negative Gefühle hindern daran, im eigenen Leben möglichst viel Genuß und Freude zu erleben.

Irrationale Einstellungen (siehe auch »Irrationale Ideen« von Ellis, 1970) spiegeln sich in Äußerungen, Vorstellungen, Phantasien wie:

- Alle sollen mich lieben
- Man kann niemandem vertrauen
- Die Welt sollte gerecht sein
- Starke Menschen brauchen keine Hilfe
- Keiner hat das Recht, mich zu kritisieren
- Ich bin vom Pech verfolgt
- Änderungen sind unnatürlich
- Ich muß besser sein als die anderen
- Ich werde es nie schaffen, mich zu ändern
- Nur wenn ich absolut sicher bin, kann ich Entscheidungen treffen
- Es ist wichtig, daß alle mich akzeptieren
- Es gibt nichts Schlimmeres, als Fehler zu machen
- Es gibt immer eine perfekte Lösung
- Je weniger ich offen von mir zeige, desto besser
- Die anderen sind besser dran als ich
- Es ist wichtig, immer rechtzuhaben
- Wenn man Problemen und unangenehmen Situationen aus dem Weg geht, verschwinden sie mit der Zeit von selbst
- Ich bin für alles verantwortlich
- Man kann sich auf niemanden verlassen
- Die anderen sind besser, schöner, stärker als ich
- Es ist wichtig, daß ich immer die volle Kontrolle über alles habe
- Er/sie ist an allem schuld
- Ich habe überhaupt keine Probleme
- Ich kann es nicht mehr ertragen
- Ich bin meinen Gefühlen ausgeliefert

Lernziele

Die Tn/Kl

- erkennen die Bedeutung von Bewertungen für das Streßgeschehen
- wissen, was Einstellungen, insbesondere irrationelle Meinungen sind
- kennen typische »irrational beliefs«
- können eigene streßinduzierende Einstellungen aufspüren
- können diese kritisch hinterfragen
- erleben (erste Schritte der) Einstellungsänderung.

Ablauf

Bereits vom ersten Treffen an können Einstellungen (»Streß ist individuell, auf die Bewertung kommt es an«) hinterfragt und bei der Streßdefinition bzw. -analyse benannt werden. Zusätzlich empfehlen sich passende Anekdoten (z. B. die chinesische Legende), die freundlich-humorvoll-direktiv bis provokativ oder durch Blickkontakt oder auch Hinweise auf persönliche Berichte der Tn/Kl, auf deren streßerzeugende und irrational beliefs hinweisen. Anschließend kann ein Kurzvortrag folgen, was Einstellungen sind und wann es sinnvoll ist, sie zu ändern.
Einige Kriterien für irrationale Einstellungen werden erarbeitet, wie z. B.:
- überhöhte Anforderungen an sich selbst (+ Perfektionismus)
- Alles-oder-Nichts-Prinzip
- Übertreibungen und Katastrophierungen
- unrealistische und selbsterfüllende Erwartungen
- unzulässige Generalisierungen und Schlußfolgerungen.

Typische Formulierungen werden erarbeitet, wie:
- »Es ist schrecklich, unerträglich, daß ...«
- »Ich/die anderen/die Welt sollte, müßte ...«
- »Wenn ..., bin ich nichts wert«, usw.

Es wird außerdem diskutiert, daß diese Art zu denken weder logisch ist, noch dazu hilft, glücklich zu werden und effektiv zu handeln (Prinzipien der Rationalität, des Hedonismus, der positiven und negativen Verstärkung, der Selbstkontrolle).

Informationen für Tn/Kl

Was die Menschen bewegt, sind nicht die Dinge selbst, sondern die Ansichten, die sie von ihnen haben.
(Epiktet, 1. Jahrhundert n. Chr.)

Die Ursache für Streß liegt häufig in uns selbst. Denn unsere *Gedanken, Erwartungen* und *Einstellungen* beeinflussen uns in der *Bewertung* der Umwelt. Wenn man Bewertungen von Streßsituationen hinterfragt, kann man zu den zugrundeliegenden Einstellungen vordringen. Häufig stellt man dann fest, daß diese Bewertungsmuster die Bewältigung der Situation hemmen oder sogar für das Entstehen von Streß verantwortlich sind.
Es gibt eine ganze Reihe von *typischen Merkmalen*, die eine ineffektive Einstellung *kennzeichnen*:
Wenn man z. B. glaubt, daß man eine Situation ohnehin nicht bewältigen kann, obwohl objektiv gesehen durchaus Bewältigungsstrategien vorhanden sind, wird man es auch nicht versuchen. So nimmt man sich die Möglichkeit, vom Gegenteil überzeugt zu werden und *erlernt Hilflosigkeit.*
Oder wenn man davon überzeugt ist, daß es immer eine perfekte bzw. »noch perfektere« Lösung gibt, kann man sich mit keiner wirklich zufriedengeben. Derart *unrealistische Erwartungen* oder eine einzige negative Erfahrung die *verallgemeinert* wird (vielleicht war ich tatsächlich einmal zu schnell mit einer Notlösung zufrieden ...), erzeugen Streß.
Oft werden auch Anforderungen übersteigert unangenehm bzw. unrealistisch gesehen (»das ist das Schrecklichste, was einem passieren kann«).
Wenn man ausgerechnet am Tag einer wichtigen Besprechung mit einem neuen Kunden im Stau steckt, ist das möglicherweise ärgerlich und ein dummer Zufall. Aber ist es eine Katastrophe, werde ich deshalb entlassen, werde ich noch in zehn Jahren über dieses grauenhafte Ereignis berichten? Nein? Warum rege ich mich dann so auf?

Wir sorgen auch manchmal selbst dafür, daß sich unsere *Prophezeiungen erfüllen.* Wenn man Schlimmes erwartet, tritt es auch oft ein: Nehmen Sie an, Sie seien im Skiurlaub. Sie sind ein mittelmäßiger Skifahrer und Ihr Partner ermuntert Sie, eine in Ihrer Vorstellung schwierige Abfahrt zu wagen. Je mehr Sie befürchten, daß sie »schlecht fahren«, »stürzen«, etc. desto größer Ihre Chance, daß Sie recht behalten. Sie verkrampfen sich, stürzen, werden unsicher.

Wichtig ist es außerdem zu erkennen, ob man eigene Probleme der *Umwelt zuschreibt*: »Ich bin ganz nervös, weil mein Vorgesetzter heute so unfreundlich zu mir ist.«

Typisch für streßerzeugende oder streßaufrechterhaltende Einstellungen ist auch die Verwendung von Schwarzweißmalerei:

immer		oft
nie		selten
alle	*statt*	viele/manche
sicher		wahrscheinlich
keiner		manche

Auch dann, wenn wir die Umwelt nicht verändern können, ist es wichtig, die Bewertung zu überdenken:

Bei Überprüfung der eigenen Stressorenliste werden Sie auf eine Reihe von Belastungssituationen stoßen, die momentan nicht verändert werden können oder die Sie nicht verändern wollen, obwohl sie belastend sind (z. B. abendliche Weiterbildung, von der Sie sich langfristig berufliche Chancen versprechen, die Sie derzeit aber stark belastet).

»Dieses Glas ist zwar tatsächlich schon halbleer getrunken, aber es ist erfreulicherweise auch noch halbvoll!«

Ich habe zwar noch einen Riesenberg Arbeit vor mir, aber für mein Wohlbefinden und meine Leistungsfähigkeit ist es sicher günstiger, wenn ich auch sehe, welche Menge an Arbeit ich schon bewältigt habe und mich darüber freue.

Auch das Anspruchsniveau an die eigene Leistung und das eigene Verhalten kann Streß erzeugen. Wenn man *zu viel* von sich fordert, nimmt der Aufwand, den man betreibt, um ein Ziel zu erreichen, überproportional zu und man programmiert viele Mißerfol-

ge automatisch mit ein. Diese wiederum führen häufig zur Selbstabwertung, besonders bezüglich der persönlichen Belastbarkeit und der eigenen Fertigkeiten und Fähigkeiten.
Ein mittleres Anspruchsniveau bewährt sich eher: Es hat mehr Realitätsbezug und führt bei Fehlschlägen nicht zu übertriebener Schuldzuschreibung an die eigene Person (»nicht ich alleine habe versagt, sondern die konkreten Umstände, die Rahmenbedingungen etc. haben es mir wirklich zusätzlich schwergemacht …«; »ich weiß nun, wie ich das nächste Mal vorgehen werde …«).
Im Rahmen einer Karrierelaufbahn kommt es oft zu einem unbemerkten Anstieg des Anspruchsniveaus, entweder durch eigene steigende Erwartungen oder durch die der Umwelt, die Belastbarkeit nimmt dann häufig langsam und unbemerkt ab. Die Leistung kann meist noch über einige Zeit mit Mühe aufrechterhalten werden. Wenn dieser Zustand länger anhält und die vorhandenen Fertigkeiten nicht mehr ausreichen, nimmt die Belastbarkeit rapide ab und es kommt zu einem plötzlichen oder chronischen Leistungsabfall.
Fragen Sie sich, welchen Preis zahle ich für meine Ideale, meine Ansprüche, z. B. für ein harmonisches Familienleben, einen perfekten Haushalt, beruflichen Erfolg, finanzielle Sicherheit oder das eigene Haus. Stimmt das Kosten-Nutzen-Verhältnis? Wie sieht es mit meiner Lebensqualität aus? Lebe ich im Hier und Jetzt oder nur in der Zukunft? Lebe ich?
Einstellungsänderung ist also sinnvoll, wenn

- die Streßsituation derzeit nicht verändert werden kann (soll) und durch eine Umbewertung leichter ertragbar wird
- die Einstellung selbst Streß produziert.

Zu unrealistischen und selbsterfüllenden Erwartungen kann als klassisches Beispiel das harmonische Weihnachtsfest mit dicken weißen Schneeflocken, strahlenden Kinderaugen, entspannter Familie und trautem Zusammensein genannt werden. Oder aber die Phantasie vom Märchenprinzen bzw. der erhofften Wandlung vom Frosch zum Prinzen. Obwohl die Realität häufig genau umgekehrt ist. Viele Prinzen (und Prinzessinnen) werden durch häufiges Küssen ja bekanntlich zu FröschInnen.

Chinesische Legende

Hoch auf dem Felsen, abgeschieden,
Lebten der Alte und sein Sohn
In stiller Eintracht, wohlzufrieden.
... Da lief den beiden das Pferd davon.

Der Nachbar, nach geraumer Frist,
Kam, den Verlust mitzubeklagen.
Da hörte er den Alten fragen:
»Wer weiß, ob dies ein Unglück ist?«

Und bald darauf, im nahen Walde
Vernahmen sie des Pferdes Tritt:
Das kam und brachte von der Halde
Ein Rudel wilder Rosse mit.

Der Nachbar, schon nach kurzer Frist,
Pries den Gewinn nach Menschenweise.
Da lächelte der Alte leise:
»Wer weiß, ob dies ein Glücksfall ist?«

Nun ritt der Sohn die neuen Pferde.
Sie flogen über Stock und Stein,
Ihr Huf berührte kaum die Erde ...
Da stürzte er und brach ein Bein.

Der Nachbar, nach geraumer Frist,
Kam, um das Leid mit ihm zu tragen.
Da hörte er den Alten fragen:
»Wer weiß, ob dies ein Unglück ist?«

Bald dröhnt die Trommel durch die Gassen:
Es ist die Kriegsproklamation.
Ein jeder muß sein Land verlassen.
- Doch nicht des Alten lahmer Sohn.

aus: Mascha Kaleko
Heute ist morgen schon gestern, dtv 1983

Tn/Kl werden aufgefordert, eigene Einstellungen und Belastungssituationen zu schildern, in denen irrationale Bewertungen eine wesentliche Rolle spielen. Dann wird die Methode der Einstellungsänderung in fünf Schritten an einem Tn-Beispiel im Plenum exemplarisch durchgeführt (siehe auch A-B-C-D Modell von Ellis).

Einstellungsänderung in fünf Schritten

1. Schritt: Erkennen der belastenden Einstellung

1 a) Objektive Situationsbeschreibung
Zunächst soll die belastende Situation erkannt und genau beschrieben werden. Diese objektive Situationsbeschreibung gleicht dem Blick durch das Objektiv einer Kamera.
1 b) Analyse des mit der Situation verbundenen Gefühls
Schlüsselfrage:
Wie fühlt sich Tn/Kl in der Situation?
Hilfreich kann sein, wenn sich Tn/Kl die Streßsituation mit geschlossenen Augen möglichst bildhaft vorstellt und sich auf die dabei aufkommenden Gefühle konzentriert. Das/die Gefühle kann Tn/Kl auf einer Skala von 1–10 einordnen.

0 Gefühl 10

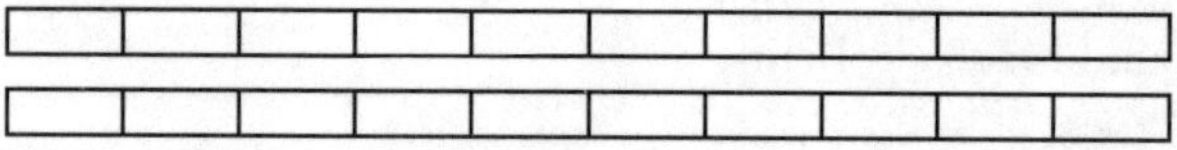

0 Gefühl 10

1 c) Benennung der belastenden Bewertung/irrationalen Gedanken
Schlüsselfragen:
- Was sagt sich Tn/Kl in der Situation? Gibt es Parallelen zu früheren Situationen?
- Was erwartet Tn/Kl von sich, von anderen?
- Welchen Anspruch hat Tn/Kl in solchen Situationen an sich/andere?
- Was könnte geschehen?

Nun wird versucht, die belastende Bewertung auf einen Satz, den *Extremsatz* zuzuspitzen. Der Satz könnte folgendermaßen begin-

nen: »… andere dürfen …, sollten …, ich muß, ich erwarte in solchen Situationen …, … ich sollte immer …, z. B.: »Ich muß fehlerfrei arbeiten, sonst bin ich nichts wert.«
An dem Satz wird so lange gearbeitet, bis der Tn/Kl sich damit identifizieren kann.

2. Schritt: Inhaltliche Überprüfung

2 a) Überprüfung des Realitätsbezugs
Um die alte unangemessene Einstellung auf Realität zu überprüfen, eignen sich folgende Schlüsselfragen:
- Wie realistisch ist der Anspruch des Tn/Kl?
- Sieht Tn/Kl nur die negative Seite?
- Wie sehen andere die Belastungssituation bzw. die betroffene Person darin?
- Hat Tn/Kl zu hohe/falsche Erwartungen an sich/an andere?
- Übertreibt Tn/Kl?

2 b) Überprüfung der Konsequenzen (K+/K-)
- Dient diese Einstellung dazu, glücklich zu sein, sich selbst zu verwirklichen?
- Zu welchen positiven Konsequenzen führt diese Einstellung? (z. B. Zuwendung durch andere/man kann provozieren, Aggressionen abführen)
- Zu welchen negativen Konsequenzen führt die Einstellung? (z. B. man überfordert sich und andere; man nimmt Unannehmlichkeiten auf sich; man läuft mit Scheuklappen durch die Gegend, man leidet.)

3. Schritt: Veränderung des Denkens und Fühlens

3 a) Umbewertung der Einstellung
Die alte unangemessene Einstellung wird in Frage gestellt und zugunsten einer neuen funktionaleren Haltung umbewertet.
Schlüsselfragen:
- Wo ist der Beweis, daß es Tn/Kl am schlechtesten geht, daß er/sie sich solche Sorgen machen muß usw.?
- Welche negativen Konsequenzen würde man sich »ersparen«?
- Wie wird man später darüber denken?

- Was könnte man sich Positives sagen?
- Sind diese Gedanken hilfreich?
- Welche anderen Perspektiven, die man bisher noch nicht berücksichtigt hat, sind noch wichtig?
- Wie würde Tn/Kl sich lieber fühlen?
- Was würde man einem Freund/Freundin mit einer solchen Einstellung raten?
- Wie sehen/verhalten sich andere in einer solchen Situation?

3 b) Formulierung der neuen Einstellung

An dieser Stelle wird ein neuer Satz formuliert, der die neue angemessene Einstellung in der betreffenden Situation widerspiegelt.

4. Schritt: Veränderung des Handelns

Hier wird ein konkret abgestufter Handlungsplan entwickelt. Die neugewonnene Einstellung wird nun im Verhalten bzw. Handeln konkret erprobt. Bisher problematische Situationen werden nun aktiv aufgesucht und die neue Einstellung und die daraus resultierende Verhaltensänderung getestet.

5. Schritt: Kontrolle

Die neue Einstellung und das daraus folgende Verhalten wird kontrolliert. Falls ein Rückfall in alte Verhaltensgewohnheiten eintritt, werden die Fehler analysiert und an dem entsprechenden Schritt neu mit der Einstellungsänderung begonnen. Eventuell müssen einige Schritte wiederholt werden.

Fallbeispiel Psychologin, 52 Jahre (Flipabschrift)

1. Schritt: Erkennen von Belastungssituationen

1.1 Objektive Situationsbeschreibung

a) 30 unterschiedliche Frauen (Akademikerinnen)
b) Fachkolleginnen
c) eine alte Tante (Tante T.)
wollen etwas von mir:

a) Information, psychosoziale Beratung bei der Wiedereingliederung ins Berufsleben, Therapie
b) Anregung und Mitarbeit
c) materielle und psychologische Unterstützung

Konsequenz: Ich nehme mir für einen einzigen Tag viel zu viel vor!

1.2 Analyse des mit der Situation verbundenen Gefühls

Der Erwartungsdruck (Stärke 9 auf einer Gefühlsskala von 1–10) löst aus:

- positive Gefühle: Energie und Elan, »mein Programm durchziehen«
- negative Gefühle: Unruhe, Nervosität, Angst; im schlimmsten Fall: Panik

1.3 Analyse der körperlichen Symptome

Herzklopfen, Kurzatmigkeit, Mundtrockenheit, Durst, Pulsschlag: erhöht, Stimme: rauh, Gehen: gehetzt

1.4 Benennung der belastenden Bewertungen/irrationalen Gedanken

1.4.1 Personenbezogen

a) Ich muß ein Optimum an Inhalten vermitteln und die Wünsche, Bedürfnisse und Forderungen jeder einzelnen Frau erfüllen. Wenn die Frauen das Seminarziel = Berufsrückkehr) nicht erreichen, ist das meine Schuld.
b) Ich muß meinen Fall in der Supervision perfekt vorstellen, damit's den anderen auch was bringt.
c) Da ich schon nicht regelmäßig Tante T. betreuen kann, muß ich – wenn ich's tue – wenigstens 100%ig »da« sein. Vielleicht bekommt sie wieder einen Herzinfarkt, und ich kann nichts mehr nachholen.

1.4.2 Allgemein

Ich will die verfügbare Zeit gut nutzen, damit ich mir später keine Vorwürfe mache. Wenn ich nicht alle Erwartungen erfülle, werden sie an meiner Kompetenz zweifeln. Ich will immer eine »gute Mutter« sein. Wenn ich es nicht immer bin, verliere ich Sympathie, Zuwendung, Achtung, Wichtigkeit. Ich muß die anderen schützen.

Extremsatz: Ich bin für alle verantwortlich.

2. Schritt: Inhaltliche Überprüfung

2.1 Überprüfung des Realitätsbezugs

a) Niemand (außer mir!) hat die Erreichung des Seminarziels der 30 Teilnehmerinnen von meiner Leistung abhängig gemacht.
b) Es gibt in der Supervision keine von anderen (!) gesetzten Perfektions-Standards für Fallvorstellungen.
c) Tante T. ist schon über kleinste Hilfestellungen meinerseits beglückt. Ein Zusammenhang zwischen unterlassener Hilfeleistung und Herzinfarkt war in der Vergangenheit nicht nachweisbar.

2.2 Überprüfung der Konsequenzen

Positiv (K+): Ich bekomme viel Zuwendung und Anerkennung. Man hält mich für leistungsfähig und kompetent. Mein Leben ist nie langweilig. Was ich tue, hält mich jung, füllt mich aus, macht mich zufrieden. Ich werde gebraucht, mache mich nützlich. Ich vermeide, daß mehr als fünf Frauen unzufrieden sind. Ich vermeide Konflikte, die aus unbefriedigten Erwartungen – meinen eigenen und denen anderer – entstehen.
Negativ (K-): Ich gerate in Zeitdruck. Ich fühle mich ausgelaugt. Ich spüre meine nachlassenden Kräfte, mein Alter. Ich bin von mir enttäuscht. Der Berg vor mir wird immer größer.

3. Schritt: Veränderung des Denkens und Fühlens

3.1 Umbewertung der Einstellung

3.1.1 Personenbezogen

a) Ich bin nicht dafür verantwortlich, wenn mehr als fünf Frauen unzufrieden sind. Nicht ich bin für die Erreichung des Seminarziels verantwortlich, sondern jede einzelne der 30 Teilnehmerinnen für sich selbst.
b) Perfektion ist unnötiger Energieverschleiß. Warum für andere soviel Kraft hergeben? Was legen die denn für Arbeitsunterlagen vor? Da kann man mit meinen – auch wenn sie nicht so perfekt sind – allemal mehr anfangen.
c) Ich kann bei Tante T. weder den nächsten Herzinfarkt noch den Tod aufhalten. Aber ich kann mich selbst durch zuviel Streß gefährden, und dann nütze ich ihr gar nichts mehr.

3.1.2 Allgemein
Ich will nicht mehr die Erwartungen aller erfüllen, denn ich zeige dadurch keineswegs Kompetenz, sondern konterkariere vielmehr meine Aussagen im Seminar (= »Grenzen setzen!« – »Nein sagen!« – »Sich wehren!«). Perfektion ist auch kontraproduktiv, denn sie kann anderen Angst machen und das Gegenteil von Sympathie und Zuwendung bewirken. Meine Zeit der »guten Mutter« ist vorbei. Ich will nicht mehr ständig bereit sein. Ich will Zeit zum Entspannen, zum Mich-selbst-Belohnen haben und nutzen. Das habe ich verdient. So bleibt mein Leben erfüllt, und ich bleibe jung.

3.2 Formulierung der neuen Einstellung
Ich bin für mich verantwortlich.
Ich darf mich verwöhnen.

4. Schritt: Veränderung des Handelns

Konsequenzen – Handlungsplan
- Ich benenne mein Angebot. Ich lade andere zu meinem Angebot ein. Sie können es nutzen oder ablehnen. Das ist ihre Verantwortung.
- Ich zeige früher meine Grenzen.
  Ich sage häufiger nein.
- Ich überprüfe meine Planungen nicht alleine vom Kopf, sondern auch vom Gefühl her
- Ich lasse auch meine Entscheidungen von Kopf *und* Gefühl beeinflussen.
- Ich tue häufiger, was ich mag.

5. Schritt: Erfolgskontrolle

- Ich bin ruhiger.
- Ich bin ausgeglichener.
- Ich schlafe besser.
- Mein Frustrationserleben ändert sich.
- Ich bin so richtig stolz auf meine Änderungen.

Arbeits- und Informationsblatt für Tn/Kl

Einstellungsänderung in fünf Schritten

1. Schritt *Erkennen der belastenden Einstellung*

1 a) Objektive Situationsbeschreibung

1 b) Analyse des mit der Situation verbundenen Gefühls

1 c) Benennung der belastenden Bewertung/irrationalen Gedanken

Extremsatz:

2. Schritt *Inhaltliche Überprüfung*

2 a) Überprüfung des Realitätsbezugs

2 b) Überprüfung der Konsequenzen (K+/K-)

3. Schritt *Veränderung des Denkens und Fühlens*

3 a) Umbewertung der Einstellung

3 b) Formulierung der neuen Einstellung

4. Schritt *Veränderung des Handelns*

5. Schritt *Kontrolle*

7.4 Belastungsausgleich (Zufriedenheitserlebnisse)

7.4.1 Hintergrundinformationen

Unter Belastungsausgleich wird das Aufbauen von Aktivitäten zur aktiven oder passiven Entspannung verstanden, das Schaffen von Zufriedenheitserlebnissen etc. als Ausgleich zu Anstrengung und Anspannung des Alltags.
Die Bedeutung von positiven Erlebnissen und Konsequenzen eigenen Verhaltens gilt als grundlegend für die physische und psychische Gesundheit (vgl. Kessler, 1985, Eysenck und Gossarth-Maticek, 1991).
Dieser Baustein soll den Tn/Kl ihre persönlichen, alltäglichen und spezifischen Möglichkeiten, Freude, Genuß und Spaß zu erleben, wieder vor Augen führen. Er soll sie anleiten, angenehme, entspannende und genußvolle Aktivitäten zum Ausgleich für bestehende Belastungen regelmäßig in den Alltag zu integrieren. Derartige Zufriedenheitserlebnisse müssen regelmäßig gepflegt werden, sonst reduziert sich das Verhaltensrepertoire.
Die Effekte dieser Verfahren haben sich besonders im Rahmen der Depressionstherapie bewährt und wurden auf ihre Effektivität hin überprüft. Ergänzt werden können sie durch ein *Genußtraining* (vgl. Lutz und Koppenhöfer, 1983), speziell auch in der Einzeltherapie.

7.4.2 Lernziele

Die Tn/Kl
- wissen um die Bedeutung von Zufriedenheitserlebnissen
- überprüfen ihren eigenen Belastungsausgleich
- verfügen über ein breites Repertoire an praktischen Möglichkeiten, die Belastbarkeit zu steigern
- wissen, wie sie ihr Freizeitverhalten streßreduzierend gestalten können

- reflektieren über Zufriedenheitserlebnisse zum Typ-A-Muster und/oder zum überzogenen Harmoniedenken.

7.4.3 Ablauf

Tr/Th informiert über die Wichtigkeit von qualitativ und quantitativ ausreichenden Zufriedenheitserlebnissen.

Informationen für Tn/Kl

Ein oft nicht wichtig genommener Weg ist das Ausüben von Dingen, die Spaß machen und auch langfristig positiv wirken, die also zu Zufriedenheitserlebnissen führen. Gerade für Typ-A-Persönlichkeiten ist jeder Augenblick kostbar, und sie machen oft mehrere Dinge gleichzeitig. Zeit für Muße und Erholung bleibt dann kaum. Aber auch viele andere Menschen glauben, keine Zeit mehr für Hobbys zu haben und empfinden vieles, was ihnen früher Spaß gemacht hat, heute als überflüssig.
In streßreichen Phasen sinkt die Bereitschaft, sich positivem Erleben und Erholung zu widmen. Sowohl positive Erlebnisse im Alltag als auch aufwendigere Aktivitäten wie Theater- und Konzertbesuche werden in solchen Zeiten weniger wahrgenommen und auch weniger genossen. Statt dessen wird die Aufmerksamkeit verstärkt auf Streß, unerledigte Aufgaben, Ärger etc. gelenkt oder man flieht in die Arbeit, wird zum »workoholic« mit einem Lebensmotto in Anlehnung an Descartes

»Ich leiste, also bin ich«.

Dann wird Befriedigung nur noch aus Leistung geschöpft. Man ist nicht mehr fähig zur Muße oder dazu, Zufriedenheit und Genuß aus Hobbys zu holen. Die Verminderung von Zufriedenheitserlebnissen wird dann zur Bedingung für weitere Belastungen.
So paradox es klingt: Gerade bei Dauerstreß und der daraus entstehenden Zeitnot müßten wir uns Zeit nehmen für befriedigenden Ausgleich, um zwischen Anspannung und Erholung Ausgleich zu schaffen.

Fallbeispiel: »Tennis als Ausgleich«

Ein Kl, 45 J., Jurist und hohe Führungskraft in einer Versicherung, klagt über extreme Spannungskopfschmerzen. Die Anamnese ergibt deutliches Typ-A-Verhaltensmuster. Auf meine Frage, was er denn zum Ausgleich mache, antwortet er strahlend: »Ich spiele Tennis – sehr gut sogar« (daran hatte ich nicht gezweifelt) und zwar während der Arbeitszeit (meist von 7.00–22.00 Uhr, der Tennisplatz befindet sich direkt gegenüber seinem Büro).
Auf meine Frage, ob es ihm wichtig sei, beim Spiel zu gewinnen, gab er sich sehr souverän und meinte: »Aber ich bitte Sie, darüber sind wir ja wohl hinaus!«
Meine Nachfrage, wie oft er denn in letzter Zeit verloren habe, löste bei ihm Entsetzen aus. »Verloren, verloren?« stotterte er »nie, wissen Sie, es ist mir nicht wichtig zu gewinnen, aber ich spiele gegen meine Mitarbeiter und Kollegen – glauben Sie denn, ich möchte gegen einen von denen verlieren?«
Von Tennis als Ausgleich kann hier sicher nicht die Rede sein!

Es ist wichtig, sich Zufriedenheitserlebnisse zu erlauben und zu genießen, ohne ein schlechtes Gewissen zu entwickeln. Man sollte versuchen, sich einen persönlichen Freiraum zu schaffen. Ist man zur Zeit zu rastlos, um sich anspruchsvollen Interessen zu widmen, kann man ja mit banaleren Vergnügungen beginnen.

Informationen für Tr/Th

Die Tn/Kl beobachten und bewerten Menge und Qualität ihrer Freizeitaktivitäten/Zufriedenheitserlebnisse. Checklisten können dabei helfen. In Kleingruppen entscheidet sich jeder Tn/Kl, welche Aktivitäten er/sie wiederaufnehmen und welchen neuen Hobbys/Interessen er/sie sich widmen möchte und wie das bewerkstelligt werden kann. Die anderen Gruppenmitglieder helfen dabei.
Da die Qualität der Aktivitäten ausschlaggebend ist, wird dann im Plenum angeregt, daß:

- jeder Mensch ein Recht auf eigene Bereiche hat
- Ausgleich auch bedeutet, bisher im Alltag brachliegende Inter-

essen zu befriedigen und man nicht wieder genau das praktizieren sollte, was man den ganzen Tag macht (z. B. der Computerfreak)

- Leistung, Wettbewerb und Kampfgeist (Typ A), aber auch Hektik, zuviel auf einmal (Freizeitstreß usw.), kontraindiziert sind (hierzu kann das Fallbeispiel »Tennis als Ausgleich« erklärt werden)
- die Aktivitäten Spaß und Genuß bringen sollen
- man sich auch Zufriedenheitserlebnisse ohne großen organisatorischen Aufwand verschaffen kann
- eventuell gemeinsam mit Menschen aus dem unmittelbaren sozialen Umfeld oder auch Freunden, für die man sonst nur wenig Zeit hat, durchgeführt werden sollte.

An dieser Stelle empfiehlt es sich auch, mit der Gruppe einige »Genußübungen« zu praktizieren. Dazu werden Übungen zum Riechen, Tasten, Schmecken, Schauen und Hören durchgeführt. Möglichkeiten dazu ergeben sich über Blumen, Obst (z. B. Pfirsiche), die Natur z. B. Wiesen, Bäume, der Hotelgarten) oder das gemeinsame bewußte Genießen einer guten Mahlzeit.

7 Regeln für den Genuß nach Koppenhöfer und Lutz (1983):

1. *Genuß braucht Zeit*
Ein emotionaler Zustand, besonders ein positiver braucht genug Zeit, um sich zu entwickeln.

2. *Sich selbst Genuß erlauben*
Familiärer Hintergrund, Erziehungsstil und Sozialisation sind für eine genußfeindliche oder genußfreundliche Grundhaltung mit verantwortlich.

3. *Genuß geht nicht nebenbei*
Die Aufmerksamkeit muß auf genußfördernde Reize gelenkt werden, andere Wahrnehmungen müssen ausgeblendet werden.

4. *Jedem das Seine*
Geschmack und Vorlieben sind individuell verschieden.

5. *Weniger ist mehr*
Die Steigerung von Lust wird nicht durch ungezügelte Bedürfnisbefriedigung ermöglicht. Wichtige Aspekte von Genuß, wie z. B.

Differenzierung und Fokussierung sind bei einem Überangebot nicht mehr möglich. Wer gesättigt ist, kann nicht mehr genießen.

6. *Ohne Erfahrung kein Genuß*
Die differenzierte Wahrnehmung bei Genuß erfordert ein durch Lernprozesse geschultes Informationsverarbeitungssystem. Dazu ist Vorerfahrung nötig. Eine genaue sprachliche Ausdrucks- und Differenzierungsfähigkeit ist hilfreich.

7. *Genuß ist alltäglich*
Man benötigt keine besonderen Ereignisse, um Genuß erleben zu können.

Der Alltag bietet hier genug Möglichkeiten.

Informations- und Arbeitsblatt für Tn/Kl

Checkliste: Zufriedenheitserlebnisse

Bei der Reflexion über Ihre bisherigen befriedigenden Aktivitäten und bei deren Neuauswahl für die Zukunftsplanung soll Ihnen die folgende (unvollständige) Auflistung helfen:

- Kinobesuche
- Theater-/Konzertbesuche
- Ausstellungen/Museen besuchen
- Bücher/Zeitungen lesen
- Spazierengehen
- Einkaufsbummel
- Urlaub
- Musizieren
- Werken
- gemütlich faulenzen
- Sport betreiben
- Sportveranstaltungen besuchen
- Gäste haben
- Besuche machen
- etwas mit Freunden unternehmen
- Essengehen
- Denksportaufgaben lösen
- sich mit Tieren beschäftigen
- Partys besuchen
- Gartenarbeit
- Verreisen
- Körperpflege betreiben
- Zärtlichkeiten austauschen
- Sex
- persönlichen Hobbys nachgehen

Weitere Beispiele:

....

....

....

....

7.5 Soziale Geborgenheit

7.5.1 Hintergrundinformationen

Soziales Netzwerk

Die Gesamtheit der Beziehungen, die eine Person zu anderen Personen unterhält, bildet ihr soziales Netzwerk. Die Qualität des sozialen Netzwerks – vor allem das Vorhandensein einer oder mehrerer guter, enger Beziehungen – bestimmt das Ausmaß an *sozialer Geborgenheit.*
Untersuchungen zu sozialen Netzwerken haben auch deren Auswirkungen auf Lebenserwartung und Krankheitsanfälligkeit belegt. Personen mit einem intakten sozialen Netzwerk, d. h. vor allem mit guten Beziehungen im Bereich der Familie, im Freundeskreis oder am Arbeitsplatz, erkranken insgesamt nur mit 30–50 Prozent der Wahrscheinlichkeit physisch oder psychisch und leben länger als Personen ohne entsprechende soziale Geborgenheit (von Holst und Scherer, 1988, S. 321 ff.).
Berkman u. Syme (1979) fanden in einer Längsschnittstudie einen deutlichen Zusammenhang zwischen dem Grad der Einbindung in ein soziales Netzwerk und der Lebenserwartung, wobei sich enge persönliche Beziehungen als wichtigster Faktor erwiesen. In allen Altersgruppen zeigten verheiratete Personen niedrigere Mortalitätsraten als unverheiratete. Die gleiche Lebenserwartung wiesen unverheiratete Personen auf, die enge Freunde oder nahestehende Verwandte hatten. Schwächere soziale Bindungen wie etwa die Mitgliedschaft in einer Kirchengemeinschaft oder einem Verein erhöhten ebenfalls die Lebenserwartung, aber deutlich geringer (siehe auch Schröder u. Schmitt, 1988, S. 151).
Medalie u. Goldbourt (1976, S. 910–921) fanden bei 10 000 israelischen Staatsbeamten, daß die Inzidenz von Angina pectoris bei denen, die ihre Ehefrauen als liebevoll und unterstützend erlebten, nur halb so groß war wie bei denen, die ihre Frauen nicht so erlebten. Wie es den Ehefrauen dabei erging, wird nicht zitiert.

Die Form der sozialen Unterstützung in diesen beiden Untersuchungen ist vorrangig die der emotionalen Unterstützung.
Wallis (1983, S. 44–52) stellte fest, daß die Todesrate bei verwitweten Personen – gleich welcher Ursache – bis zu 13fach höher ist als bei gleichaltrigen verheirateten Personen, und zwar besonders in der ersten Zeit nach dem Verlust. In dem Maße, wie das Fehlen oder der Verlust einer guten, engen Beziehung durch eine oder mehrere Beziehungen mit emotionaler Unterstützung kompensiert werden kann, wird der Streß reduziert bzw. beseitigt. So hat beispielsweise Raphael (1977, S. 1450–1454) frisch verwitweten Personen einige Stunden unterstützender nondirektiver Beratung zu Hause gegeben. Während sich in einer Kontrollgruppe mit der Zeit bei 60 Prozent der Probanden der Gesundheitszustand erheblich verschlechterte, war das in der Gruppe, die die kurze emotionale Unterstützung erhalten hatte, nur bei 25 Prozent der Fall. Je besser es also gelingt, intensiv und kontinuierliche emotionale Unterstützung zu erlangen (sehr wirkungsvoll ist die wechselseitige Unterstützung bei gleichermaßen betroffenen Personen und natürlich die Wiedergewinnung einer guten, engen Beziehung) um so mehr wird der soziale Streß beseitigt.
Patel et al. (1991) berichtet aus dem englischen Kohlebergbau, daß die Bergleute traditionell in Gruppen zusammenarbeiteten und alle an allen Arbeitsvorgängen beteiligt waren. Durch die Industrialisierung wurden sie Spezialisten für wenige Aufgaben und arbeiteten isoliert. Die Folge waren verminderte Arbeitszufriedenheit, häufigere Fehlzeiten und geringere Produktivität. Durch eine Verbindung der neuen Technologie mit der alten Gruppenstruktur – eine Gruppe von Bergleuten war für die Erledigung eines größeren Aufgabenbereichs selbständig verantwortlich – stellte sich die alte Arbeitszufriedenheit wieder ein. Bei dieser Reduzierung von beruflichem Streß dürften alle genannten Formen von sozialer Unterstützung beteiligt sein.
In einer Untersuchung von Carmelli, Swan u. Rosenman (1985, S. 90–100) ergab sich, daß Typ-A-Männer, die einen Herzinfarkt erlitten hatten, wesentlich häufiger mit aktiven und dominanten Frauen höherer Schulbildung verheiratet waren als Typ-A-Männer ohne Herzinfarkt. Das verweist darauf, daß der Verhaltenstyp A als Risikofaktor für Herzerkrankungen weniger zum Tragen

kommt, wenn der berufliche Streß dadurch abgemildert wird, daß der Mann zu Hause von einer ihn umsorgenden Frau betreut wird.
Ein weiterer Beleg für die Verringerung von Krankheitsanfälligkeit durch gute, enge Beziehungen sind die Studien von Schleifer et al. (1983, S. 371–377) und Maddox (1984, S. 400). Sie konnten zeigen, daß bei verwitweten Personen nicht nur gehäuft Depressionen auftreten, sondern auch die Abwehrkraft des Immunsystems über Monate hin eingeschränkt ist, was den Körper besonders anfällig für Infektionen und Tumorwachstum macht.
Die Langzeitwirkung von sozialer Unterstützung und Geborgenheit ist daran zu sehen, daß Belastbarkeit erhöht und Krankheitsanfälligkeit verringert wird.
Durch soziale Netzwerke werden auch Copings entwickelt. Soziale Geborgenheit durch kontinuierliche und emotional unterstützende Beziehungen zu den Eltern oder äquivalenten Bezugspersonen ist eine wesentliche Voraussetzung für die Entwicklung der Persönlichkeit und damit auch für die Entwicklung aller zur Bewältigung von Streß benötigten Fähigkeiten.

Prinzipien sozialer Unterstützung:

Alternative Formeln für das Reziprozitätsprinzip sind: »Wie du mir, so ich dir«, »Do ut des«, »tit for tat«.
Das Reziprozitätsprinzip ist das angemessene Prinzip für die Beziehungen unter Erwachsenen.
Das Ideal selbstaufopfernder Liebe führt meist dazu, daß man mehr für andere tut, als das für einen selbst und die anderen gut ist. Besonders Frauen mit stark weiblicher Geschlechtsrollenausprägung sind hier gefährdet (siehe Zusammenhänge expressiveness und Depressivität).
Obwohl Beziehungen für Frauen ein hohes Ausmaß an Befriedigung bringen können, bergen Probleme und Belastungen in diesen Beziehungen einen größeren Risikofaktor für Depression in sich als Probleme oder Belastungen in anderen Lebensbereichen (Kandel et al., 1985). Die Rollenverpflichtung der Frau, nämlich für andere zu sorgen, können Streßbelastung und Depressionsrisiko er-

höhen (Belle, 1982a). Aufgrund ihrer Geschlechtsrollen innerhalb der Familie, z. B. als Ehefrau und Mutter, und innerhalb einer Gemeinschaft, z. B. als Nachbarin oder Freundin, wird von Frauen erwartet, daß sie auf den Kummer und die Nöte anderer eingehen, egal ob ihre eigenen Bedürfnisse nach Unterstützung und Wertschätzung befriedigt sind oder nicht.
Der Slogan für das Reziprozitätsprinzip wird oft so formuliert: »Unterstützung oder Hilfe sollte keine Einbahnstraße, sondern eine Zweibahnstraße sein.«

Zusammenhänge zwischen psychosozialen Belastungen und Krankheit

Nach Siegrist (1984) ist bei Tod eines Lebenspartners das Risiko, an bestimmten lebensbedrohenden Krankheiten (besonders Herz-Kreislauf-Erkrankungen bis hin zum Herztod) zu erkranken, überdurchschnittlich erhöht. Auch andere belastende Lebensereignisse, vor allem wenn sie gehäuft auftreten und es an angemessener sozialer Unterstützung mangelt oder aber diese von der betroffenen Person nicht angenommen werden kann, erhöhen die Wahrscheinlichkeit des Todes durch Herzinfarkt.
Das Herzinfarktrisiko ist dabei größer, je mehr die Patienten mitteilten, daß sie nicht abschalten können, bereits beim Aufwachen an Arbeitsprobleme denken müssen, sich gehetzt fühlen und übermäßig kritikempfindlich sind. Ebenfalls als gesichert gilt die Bedeutung sozialer Geborgenheit. Die oben genannte Studie zeigt auf, daß Personen mit hinreichender sozialer Geborgenheit in belastenden Lebenssituationen weitaus weniger herzinfarktgefährdet sind als solche ohne diesen Schutz.
Wadsworth (1994) fand, daß bei Kindern, die innerhalb der ersten vier Lebensjahre einen Elternteil durch Tod, Scheidung oder Trennung verloren hatten, in den folgenden 20 Jahren etwa vierfach häufiger psychische Erkrankungen auftraten als bei Kindern mit vollständigem Elternhaus. Ein weiterer Beleg für den Zusammenhang von sozialer Geborgenheit und Krankheitsanfälligkeiten ist die Tatsache, daß diese Kinder auch häufiger Magen-Darm-Geschwüre hatten.

7.5.2 Lernziele

Tn/Kl
- wissen um die Bedeutung sozialer Geborgenheit
- reflektieren über ihre soziale Geborgenheit
- planen evtl. Intensivierung ihrer Kontakte

7.5.3 Ablauf

Hinweise für Tr/Th

Vermittelt werden einige Informationen im Zusammenhang mit sozialem Rückzug, Einsamkeit, Depression und Belastung.

Informationen für Tn/Kl

Freunde in der Not sind wichtig. Bei Dauerstreß sind Freunde, Partner und Familienangehörige oft Trostspender. Emotionaler Rückhalt und Geborgenheit in einem sozialen Gefüge helfen bei Streßbewältigung und Erhaltung der Gesundheit.
Die Selbstmordrate bei alleinstehenden Personen ist deutlich höher als bei Menschen, die in soziale Gefüge eingebunden sind. Sozialer Rückzug, Einsamkeit hängen nachweislich mit Streßproblemen zusammen. Einsam sind aber nicht nur unfreiwillige Singles, sondern oft auch sogenannte grüne Witwen (isolierte Hausfrauen), die zwar »alles haben«, aber mit ihren Problemen ganz alleine sind. Genauso Arbeitssüchtige, die über Jahre hinaus ihre sozialen Kontakte vernachlässigen und irgendwann feststellen: ich bin ja ganz alleine, ich wüßte gar nicht, wem ich vertrauen könnte, wer für mich Zeit hätte. Ich habe keine Freunde mehr. Manchmal wird das erst schmerzhaft bewußt, wenn die Ehefrau die Scheidung eingereicht hat und alle Kontakte wegfallen, da sie nur von ihr aufrechterhalten wurden. Auch ältere Menschen ziehen sich oft immer mehr zurück und entwickeln dann massive Ge-

sundheitsprobleme – möglicherweise als Hilfeschrei. Soziale Beziehungen müssen gepflegt werden und das kostet Zeit und Kraft. Grundformen und Quellen sozialer Unterstützung werden gemeinsam erarbeitet:

- emotionale Unterstützung
  (Verständnis, Anteilnahme, Vertrauen, Zuneigung, etc.)
- Unterstützung durch Taten
  (Hilfe bei einer Arbeit, Versorgungstätigkeiten, finanzielle Unterstützung)
- Unterstützung durch Ratgeber
  (Hinweise zur Problembewältigung, Hinweise auf Möglichkeiten, sich tätige Hilfe zu verschaffen)
- Quellen sozialer Unterstützung können sein: Familie, Freunde, Bekannte, Arbeitskollegen, Mitglieder einer Gemeinschaft

Tn/Kl überlegen dann (z. B. anhand einer Kontaktauflistung), bezogen auf die o. a. Bereiche

- wie zufrieden sie mit der Häufigkeit/Intensität der Kontakte sind,
- zu wem sie die Beziehung intensivieren wollen,
- wo sie Möglichkeiten sehen, neue Kontakte zu knüpfen.

Arbeitsblatt: Kontakte

Reflektieren Sie hier Ihre Kontakte im engeren sozialen Umfeld (z. B. Familie, enge Freunde) und im weiteren Umfeld (z. B. gute Bekannte, Kollegen, Nachbarn).
Tragen Sie in die Tabellen ein, wie Sie Ihre Kontakte einschätzen.

✓ steht für zufriedenstellende Kontakte

➜ steht für den Wunsch den Kontakt zu intensivieren, zu verbessern, zu reaktivieren oder neu zu schaffen

Engeres soziales Umfeld

Person(en)	meine Einschätzung	beabsichtigtes Vorgehen	Erfolg

Weiteres soziales Umfeld

Person(en)	meine Einschätzung	beabsichtigtes Vorgehen	Erfolg

8. Umgang mit möglichen Schwierigkeiten

Das folgende Kapitel enthält Hinweise für den Umgang mit Schwierigkeiten, die speziell im Laufe eines Streßbewältigungskurses auftreten können.
Probleme bei der Durchführung von Seminarbausteinen (Übungen, Diskussionen etc.) können vor allem durch Verhaltensweisen der Tn/Kl, durch die Interaktion zwischen Tr/Th und Tn/Kl oder durch die Interaktion der Tn/Kl untereinander, also durch die Gruppendynamik entstehen. Hier werden nur typische Barrieren bei den einzelnen Bausteinen des Programms, z. T. auch bezogen auf bestimmte Tn/Kl-Motive oder Verhaltensweisen beschrieben. Probleme, die z. B. auf die Gruppendynamik zurückzuführen sind, können in der entsprechenden Literatur ausführlich zur Kenntnis genommen werden (Yalom3, 1995, Grawe, 1980)

Kursteilnahme

Für Tn/Kl, die bei einem mehrwöchigen Kurs voraussichtlich mehr als 2x fehlen werden, hat das Training wenig Sinn, zumal auch die jeweiligen Lernpartner blockiert sind und die Motivation anderer Gruppenteilnehmer beeinträchtigt wird. Deshalb nützt Verständnis für Absenzgründe nichts, sinnvoller ist die Empfehlung, den Kurs ein anderes Mal zu besuchen. Wenn ein Vorinformationsgespräch für die Tn/Kl stattfindet, sollte bereits zu diesem Zeitpunkt erwähnt werden, daß mehrmaliges Fehlen das Erreichen des Kurszieles verhindert.

Streßanalyse

Vereinzelt behaupten Tn/Kl (z. B. sehr erfolgsorientierte Menschen) »ich habe keinen Streß«. Wegschauen hilft nicht bei der

Problemlösung, deshalb ist es für den/die betroffenen Tn/Kl wichtig, daß Tr/Th im Laufe des Trainings immer wieder konstruktiv und in diesem Fall nondirektiv oder mit Humor und Provokation hinterfragt, ohne bloßzustellen.
Wenn Streß individuell ist, bedeutet das auch, Eigenverantwortung zu übernehmen und das kann unbequem sein. Einige Tn/Kl könnten daher dazu tendieren die Eigenverantwortung für ihren Umgang mit individuellem Streß zu verneinen oder nach außen zu verlagern. Sehr häufig werden dabei von Tn/Kl z. B. Diskussionen und Schuldzuweisungen über »unsere Gesellschaft« etc. initiiert. Tr/Th sollte sich auf derartige Diskussionen argumentativ nicht näher einlassen, sondern behutsam (oder humorvoll-provokativ) die persönliche Bedeutung/Bewertung des/der Tn/Kl hinterfragen.
Gelegentlich erzählen Tn/Kl eine bereits bewältigte Belastungssituation aus der Vergangenheit, um zu überprüfen, ob sie richtig gehandelt haben, bzw. ob die anderen Tn/Kl ebenso gute Copings finden. Hier empfiehlt es sich, auf besseren Transfer durch Bearbeitung derzeit bestehender Belastungssituationen hinzuweisen.
Weiterhin vermischen Tn/Kl manchmal die Streßanalyse mit Streßbewältigung und geben Tips, wie andere Tn/Kl ihre Probleme »ganz einfach lösen können«. Es ist wichtig auf eine strikte Trennung dieser Themenbereiche zu achten (freundlich-direktiv-konstruktive Vorgehensweise)!

Kleingruppenarbeit

Manche Tn/Kl entziehen sich der Selbstverantwortung, und es ist etwas schwierig, sie zu Kleingruppenarbeiten zu bewegen, weil sie eigentlich lieber eher oberflächlich an eigenen Beispielen arbeiten würden oder Patentrezepte erhalten möchten, die sie dann möglicherweise wieder verwerfen können. Einige verharren in einer Konsumentenhaltung und lauschen gerne netten Anekdoten, Geschichten des/der Tr/Th, wollen nicht konkret an sich arbeiten.
Hier ist es sinnvoll, auf bessere Transferplanung und intensiveren Umgang mit persönlichen Belastungen durch Arbeit in kleineren Gruppen hinzuweisen und darauf, daß Tn/Kl ihre Beispiele, wenn

sie wollen, zusätzlich im Plenum einbringen können und dadurch positive Verstärkung in Form von Zuwendung und Aufmerksamkeit erhalten oder bei sehr persönlichen Problemen mit Tr/Th ein (voranzumeldendes) Einzelgespräch führen können. Außerdem sollen alle Kleingruppen-Arbeitsergebnisse gebührend gewürdigt werden und Tr/Th sollte immer wieder darauf Bezug nehmen.

Copings der Tn/Kl

Die Tn/Kl sind möglicherweise etwas unsicher, wo sie ihre individuellen Copingstrategien zuordnen sollen, da einige Copings sowohl an O als auch an R (Ausgleichsaktivitäten, Sport etc.) ansetzen. Beides wird durch Tr/Th als »richtig« verstärkt. Der Unterschied besteht in der Regelmäßigkeit des Copings. Wenn die jeweiligen Verhaltensweisen regelmäßig über einen langen Zeitraum durchgeführt werden, dann setzt die Copingstrategie am Organismus (O) an. Wenn sie zur Abreaktion/Ablenkung in oder direkt vor/nach der Streßsituation eingesetzt werden, dann beziehen sie sich auf die Reaktion (R).

Streßfolgeschäden

Bei der Schilderung von Streßfolgeschäden ist es wichtig, daß die Tn/Kl sensibilisiert, nicht aber geängstigt werden, denn dies würde zu erneutem Vermeidungsverhalten führen.

Kurzfristige Erleichterung

Die Techniken der KE sollten einfach durchführbar, aber nicht banal wirken. Manche Tn/Kl entwickeln Phantasien, wie und wo man die jeweilige Technik unmöglich anwenden kann. Hier sollte Tr/Th direktiv und konstruktiv auf den »höheren Streßbewältigungseffekt« hinweisen, wenn man überlegt, »was geht wo«, anstelle von »wo geht das sicher nicht«.

Handlungsproben

Handlungsproben sind bei vielen Menschen angstauslösend. Deshalb ist es wichtig, selbst angstfrei, souverän und zügig die erste Handlungsprobe zu demonstrieren. Bei einer Gruppe mit ausgeprägtem Vermeidungsverhalten empfiehlt es sich, die Übung keinesfalls als Rollenspiel, sondern als Handlungsprobe oder auch als Übung zu bezeichnen. Die Handlungsproben sollen einfach durchführbar wirken. Dazu ist eine klare Struktur und Regieanweisung wichtig.

Manche Handlungsabläufe sind für die Beobachter recht amüsant. Da der/die Betroffene mit der Situation ein Problem hat – auch wenn es auf Dritte komisch wirkt – sollten Lachen und witzige Bemerkungen (konstruktiv) unterbrochen werden.

Tr/Th sollte die Bedeutung der Situation für Tn/Kl richtig einschätzen: Wo genau liegt der Streß, was belastet in dieser Situation? Das ist besonders wichtig, wenn sich Übende beim Spiel »verzetteln«.

Bei zu hohem Schwierigkeitsgrad von Handlungsprobesituationen sind zunächst Manipulationen an Situation, den Handlungspartnern und deren Verhalten oder aber eine Vorverlegung des Interventionszeitpunktes sinnvoll, im zweiten Schritt wird die Situation dann realistischer dargestellt.

Gelegentlich verharren Tn/Kl in der Schilderung der Situation und/oder bei der Handlungsprobe bei der streßsauslösenden Situation und eigenem Streßverhalten. Wenn so ein Streßverhalten auftritt, bricht Tr/Th das Spiel durch Klatschen ab und strukturiert die (unangenehme) Situation um, etwa durch einen Kommentar wie z. B. »Genauso läuft es oft ab, aber jetzt üben wir es nochmal so, wie es ab jetzt sein wird«.

Bei der Erarbeitung von Kriterien streben manche Tr/Th, möglichst perfekte Lösungen an. Dieses überhöhte Anspruchsniveau kann beim Tn/Kl das Gefühl erzeugen, die Technik sei äußerst kompliziert und in der Folge Vermeidungsverhalten hervorrufen. Hier empfiehlt es sich, selbst positiv vorzugehen und Tn/Kl konstruktiv zu unterstützen. Sicher bieten viele Handlungsprobesituationen genug Ansatzpunkte zu zusätzlicher langfristiger Veränderung (z. B. Einstellungsänderung, Problemlösung). Das soll an

dieser Stelle jedoch nicht berücksichtigt werden. Tr/Th kann allerdings darauf und auf die entsprechende langfristige Technik (für später) hinweisen.
Bei der Feedback-Runde sollte auf konstruktive Rückmeldungen geachtet und auf die Individualität von Streß hingewiesen werden, wenn die Beobachter ihre eigenen Erfahrungen mit ähnlichen Situationen einbringen (hier unerwünscht!).
Tn/Kl mit ausgeprägtem Vermeidungsverhalten versuchen meist, sich dezent um die Handlungsprobe »herumzumogeln«, zum Teil mit »guten Argumenten«. Tr/Th sollte darauf achten, daß alle Tn/Kl – und sei es auch nur sehr kurz – eine Handlungsprobe durchführen. Ansonsten würde das Vermeidungsverhalten verstärkt.

Entspannung

Bei der 1. Entspannungsübung werden die Regeln für alle weiteren Übungen durch Anweisung »Löschen, Verstärken« festgelegt. Deshalb Störungen wie »Lachen« etc. löschen bzw. konstruktiv zu erwünschtem Verhalten auffordern.
Manche Teilnehmer haben bereits negative Erfahrungen mit Entspannungstechniken gemacht und blockieren oder entwickeln Angst vor Kontrollverlust. Hier sollten Tn/Kl informiert werden, daß sie selbst Entspannung herbeiführen, jederzeit die Übung durch Zurücknahme beenden können und Tr/Th nur als »Sprecher« fungiert.
Es können auch körperliche Symptome wie Muskelkrämpfe, Herzklopfen etc. auftreten. Dann sollte Tr/Th –wenn er/sie über ausreichendes Wissen über psychisch-körperliche Zusammenhänge verfügt – Tn/Kl ruhig und sachlich darüber informieren.
Muskelkrämpfe deuten beispielsweise auf überhöhten Ruhetonus durch chronische Anspannung hin – deshalb sollten Betroffene erst recht Muskelentspannung praktizieren, aber nur behutsam und beobachtend Anspannung herbeiführen.
Subjektives Empfinden von Herzklopfen tritt gelegentlich bei AT oder konzentrativer Entspannung auf. Oft wird in der Ruhesituation der Herzschlag bei der Beobachtung als schneller empfunden, obwohl er nur lauter wahrgenommen wird.

Atemübungen führen manchmal zu Angst vor Atemnot. Hier hilft der Tip, die Wahrnehmung von der Atmung abzuziehen oder auf das Ausatmen zu lenken und langsam durch die Lippen zu pusten.

Systematische Problemlösung

Die Gruppe oder einzelne Tn/Kl identifizieren sich möglicherweise mit dem beschriebenen Problem und akzeptieren gewählte Lösungen oder Handlungspläne nicht (»hab ich schon versucht – das klappt nicht«) oder diskutieren allgemein gesellschaftliche Probleme. Hier zum Tn/Kl zurückführen, auf die Individualität von Streß hinweisen und das »interessante Thema« auf Pausen o. ä. vertagen.

Einstellungsänderung

Bei der Einstellungsänderung können, je nach Vorgehensweise des/der Tr/Th, persönliche, tieferliegende Probleme deutlich werden. Hier kann dezent ein Einzelgespräch angeboten werden. Es ist darauf zu achten, daß Tn/Kl von den genannten Problemen, die zur Einübung der Einstellungsänderung ausgewählt werden, nicht überfordert werden. Hilfreich ist, über den gesamten Kurs hinweg, der Zielgruppe entsprechend, Einstellungen in Frage zu stellen, um einen Prozeß in Gang zu setzen, auf den organisch aufgebaut werden kann. Tr/Th sollte hier auf sein eigenes Anspruchsniveau achten: Ein Streßverhaltenstraining ist keine Therapie! Es können und müssen nicht alle Probleme der Betroffenen hier und jetzt gelöst werden.

Zufriedenheitserlebnisse

Häufig werden von Tn/Kl umfangreiche Zufriedenheitserlebnisse geschildert, die in der Realität kaum praktiziert werden und nur einem geschönten Selbstbild entsprechen. Hier sollte Tr/Th konkret nachfragen (»wann haben Sie hierzu Gelegenheit«, »wie führen Sie das durch?«), aber Tn/Kl nicht einer Lüge überführen!

Kontakte

Manche Tn/Kl erleben sich in ihrer Umwelt als isoliert und sehen wenig Möglichkeiten, in Selbstverantwortung ihre Isolation aufzulösen. Es können Äußerungen wie etwa »so ist unsere egozentrische Gesellschaft« auftreten. In solchen Fällen kann Tr/Th humorvoll ermuntern oder provozieren.

Falsche Anwendung von Techniken

Alle Techniken können so eingesetzt werden, daß sie wesentliche Belastungsfaktoren zudecken, das Leben erträglicher machen, ohne Probleme konkret anzugehen. Im ersten Schritt, also bei Entspannungstechniken und Methoden der KE ist das – im Sinne schrittweiser Annäherung – möglicherweise sinnvoll. Beobachtet Tr/Th jedoch, daß der Einsatz von Techniken von Problemlösungen wegführt, sollte er/sie eingreifen, zumindest aber im Einzelgespräch auf diese Gefahr hinweisen. Tr/Th könnte möglicherweise auch eine Psychotherapie empfehlen, da es sich in diesem Fall meist um größere Belastungen handelt, denen sich Tn/Kl nicht gewachsen fühlt und deshalb vermeidet, sich aktiv damit auseinanderzusetzen.

Fallbeispiel: Ein Tn, mittelständischer Unterehmer, 55 Jahre alt, berichtet im Folgetraining bei der Transferkontrolle, er habe täglich 3–4mal Entspannungstechniken geübt. Die weitere Exploration dieser erstaunlich hohen Übungsfrequenz – trotz des Beifalls der beeindruckten Gruppe – ergab, daß er seit zwei Jahren große Schwierigkeiten mit seiner Ehefrau habe, mit der er gemeinsam die Firma führe. Seine Frau wolle ständig mit ihm über die verfahrene Situation sprechen, eine Ehetherapie machen oder aber sich von ihm trennen. Das belaste ihn und deshalb sage er seiner Frau jedesmal, wenn sie wieder ein Gespräch über die Eheprobleme beginne, er brauche jetzt Entspannung. Danach gehe es ihm besser …

Transfer

Das Kursende ist nicht Trainingsende! Tr/Th sollte Selbstverantwortung und Streßkompetenz verstärken und alles unterstützen, was eine zielgerichtete weitere Umsetzung des Gelernten fördert, z. B. über den Kurs hinausgehende Lernpartnerschaften, regelmäßige Treffen der Gruppen; Briefe an sich selbst zu Seminarzielen, die vom Tr/Th 2–4 Wochen später nachgeschickt werden oder das Durchführen von Aufbautrainings oder Refreshern.

9. Beispiele für Streßbewältigungs-trainings unterschiedlicher Zeitdauer

Die in diesem Kapitel beschriebenen Abläufe von Streßbewältigungstrainings werden seit Jahren vielfach (u. a. von der Autorin) auf diese Weise durchgeführt. Vielleicht hilft die detaillierte Anleitung Tr/Th bei der eigenen Planung.

9.1 Streßbewältigungstraining in zwölf Wochen

Vorschlag für den Ablauf eines Streßbewältigungstrainings mit einer Länge von zwölf Abenden, z. B. als offenes oder betriebsinternes Seminar (auch für Familienangehörige) oder als Kurs im Rahmen von Maßnahmen zur Streßprävention, z.B. für Krankenkassen. Für jeden Kursabend ist eine Zeitdauer von zwei Stunden vorgesehen. Sinnvoll ist es auch, einige Abende (z. B. Sitzungen 5–9) kompakt (etwa an einem Wochenende) durchzuführen, um

- Zeit zu sparen, da die jeweilige Transferkontrolle reduziert wird. Dies ist aber gleichzeitig ein Nachteil, da die Umsetzung in den Alltag auf diese Weise weniger intensiv begleitet wird.
- sich aus dem Kontext des Alltagslebens zu bewegen, also eine andere Perspektive einnehmen zu können und sich Zeit für sich zu nehmen.
- aufgrund des größeren Zeitvolumens intensiv arbeiten zu können.

---

1. Abend

- Kennenlernen
- Erwartungen
- Gruppenregeln
- Kurzübersicht des Trainings

- *Konzentrative Entspannung*
- Hausaufgabe: – eigenen Streß beobachten und Beispiele sammeln
  – konzentrative Entspannung üben

---

2. Abend
- Transferkontrolle
- Grundwissen: Streß
- Erarbeitung des Streßanalyseschemas
- *Entspannung: PMR-Langform*
- Hausaufgabe: – Übung der Muskelentspannung (PMR)
  – Sammeln eigener Streßbeispiele und Aufschlüsseln nach S-O-R

---

3. Abend
- Transferkontrolle
- Ansatzpunkte zur Streßbewältigung
- Bisherige Streßbewältigung
- *Intensivierung der Muskelentspannung: PMR*
- Hausaufgabe: – Übung der Muskelentspannung (PMR)
  – Sammeln weiterer Möglichkeiten zur Streßbewältigung

---

4. Abend
- Transferkontrolle
- Persönliche Streßanalyse: Stressoren und Reaktionen
- *Kurzform muskuläre Entspannung und* AT_1
- Hausaufgabe: – Entspannungsübungen trainieren
  – Stressorenanalyse/»typische« Stressoren erkennen
  – eigene Streßreaktionen beobachten/ auch Eskalation
  – Bewertungen hinterfragen

---

5. Abend
- Transferkontrolle
- Streßreaktionen, kurz- und langfristig
- kurzfristige Erleichterung (KE)

- Aktivierungsübungen
- *Entspannung: Kurzentspannung und AT_2*
- Hausaufgabe:
  - Stressorenliste auf Interventionszeitpunkt durchgehen
  - Streßreaktionenliste ergänzen
  - Beispiele für kurzfristige Erleichterung aussuchen
  - KE üben
  - Entspannungsübungen trainieren

---

6. Abend
- Transferkontrolle
- Handlungsproben zu den ersten zwei Techniken der KE
- Kurzfristige Erleichterung: weitere Techniken
- *Entspannung: Kurzentspannung und AT_3*
- Hausaufgabe:
  - Handlungsproben in der Realität erproben
  - KE üben
  - weitere Handlungsproben vorbereiten/erarbeiten
  - Entspannungsübungen trainieren

---

7. Abend
- Transferkontrolle
- Handlungsproben zur kurzfristigen Erleichterung
- *Entspannung: AT_4*
- Hausaufgabe:
  - KE üben
  - Entspannungsübungen trainieren

---

8. Abend
- Transferkontrolle
- Langfristige Veränderung
- Zufriedenheitserlebnisse als Belastungsausgleich
- *Entspannung: Beliebige Kombination und AT im Sitzen*
- Hausaufgabe:
  - Stressoren systematisch verändern
  - Zufriedenheitserlebnisse praktizieren
  - AT im Sitzen trainieren

9. Abend

- Transferkontrolle
- Soziale Geborgenheit
- *Entspannung: AT_4 und Musikentspannung*
- Hausaufgabe: – Beobachtung und Umsetzung der besprochenen Kontaktmöglichkeiten
  – Entspannungsübungen trainieren

---

10. Abend

- Transferkontrolle
- Einstellungsänderung (oder Problemlösung)
- *Entspannung: beliebige Kombination*
- Hausaufgabe: – eigene streßinduzierende Einstellungen aufspüren und hinterfragen bzw. verändern
  – (oder Problem beschreiben und Zieldefinition)
  – Entspannungsübungen trainieren

---

11. Abend

- Transferkontrolle
- Einstellungsänderung (oder Problemlösung)
- *Entspannung: beliebige Kombination*
- Hausaufgabe: – Kombination von Entspannungsübungen trainieren
  – Einstellungsänderung (Problemlösung), Handlungsplan ausführen

---

12. Abend

- Transferkontrolle
- Ausblick: persönliche Lernfortschritte bisher und weitere Ziele
- Kursfeedback
- *Entspannung: beliebige Kombination*
- Hausaufgabe: – Umsetzung eines persönlichen Handlungsplanes (evtl. Tr/Th oder Lernpartner kontaktieren)

9.2 Streßbewältigungstraining in 2x 2 Tagen

Vorschlag für die Inhalte eines Streßbewältigungstrainings (offenes Seminar im Institut für Mensch und Management) mit einer Dauer von zwei Wochenenden (zweieinhalb Tage Grundkurs und 4–8 Wochen später zweieinhalb Tage Aufbaukurs).

I. Grundkurs

- Streß: Ursachen und Auswirkungen
- Welche Rolle spielen Bewertungen?
- Analyse der eigenen Belastungssituationen (Stressoren)
- Individuelle Streßreaktion
- Psychosomatik
- Training der muskulären Entspannung nach Jacobson
- Atemübungen
- Aktivierungsübungen
- Kurz- und langfristige Techniken zur Streßbewältigung
- Erarbeiten und Trainieren kurzfristiger Erleichterungstechniken
- Praktisches Training zur Streßbewältigung in akuten Situationen (z. B. Spontanentspannung, positives Denken, Wahrnehmungslenkung) an persönlichen Beispielen (Rollenspiele)

II. Aufbaukurs

- Erfahrungsbericht zum praktischen Training im Übungsintervall
- Langfristige Auswirkungen von Streß (vegetative Dystonie)
- persönliche Bewertungen/Einstellungen
- Autogenes Training und verwandte Methoden
- Praktisches Training der Autogenen Übungen/kombiniert mit Muskelentspannung
- Langfristige Techniken
- Systematische Problemlösung

- Zeitmanagement
- Praktisches Training zur Erhöhung der allgemeinen Belastbarkeit (z. B. Genußtraining, Zufriedenheitserlebnisse)
- Einstellungsänderung

9.3 Betriebsinternes Streßbewältigungstraining in 3–4 Tagen

Vorschlag für den Ablauf eines betriebsinternen Streßbewältigungseminars für die Zielgruppen Angestellte, Fach- oder Führungskräfte, Manager mit einer Dauer von 3–4 ganzen Tagen.

1. Halbtag

Zielsetzung	Inhalt	Dauer
1. Transparenz und Motivation herstellen	• Seminareröffnung • Offenheit • Praxisbezug betonen • Individuellen Ansatz erläutern • Tagungsregeln festlegen	20 Min.
2. Umschalten	• Ankommübung durchführen	15 Min.
3. Gegenseitiges Kennenlernen und Reflexion über persönlichen Umgang mit Streß	• Vorstellung der Tn/Kl »Ich und Streß« – aus meiner Sicht – aus der Sicht anderer (z. B. Kollegen, Familie, Freunde)	45-60 Min.
4. Erwartungscheck und Transparenz herstellen	• Erwartungen der Tn/Kl bzgl. Kurs abfragen • Kursübersicht über das Seminar geben	30 Min.
5. Kennenlernen der muskulären Entspannung	• Kurzinformation über Sinn und Notwendigkeit von Entspannung geben • Erste Entspannungsübung (konzentrative Entspannung und PMR) durchführen	50 Min.
6. Streßbegriff erläutern; S-O-R-K-Schema erarbeiten	• S-O-R-K-Analyseschema erarbeiten • Streßdefinition erarbeiten • Beispiele für Streß im Alltag sammeln	45 Min.

2. Halbtag

Zielsetzung	Inhalt	Dauer
1. Erkennen von Ansatzpunkten zur Streßbewältigung	• Kurz- und langfristige Möglichkeiten zur Streßbewältigung diskutieren und reflektieren	20 Min.
2. Erstellen einer Übersicht »private und berufsspezifische Streßbewältigungsmethoden« aus Sicht der Tn/Kl	• Sammlung bisher praktizierter Streßbewältigungsmethoden • Einordnung der Ergebnisse in das S-O-R-K-Schema	30 Min.
3. Wiederholung und Intensivierung der Muskelentspannung	• Erläuterung der Wirkungsweise muskulärer Entspannungsmethoden • Durchführung der PMR-Langform • Rückmelderunde	45 Min.
4. Wissen über gruppenspezifische Stressoren; Fähigkeit zur kritischen Auseinandersetzung; Erkennen der optimalen Streßdosis	• Demonstration von Stressorenwirkung mittels Biofeedbackgerät • Diskussion von Stressoren im Betrieb und privat • Erläuterung des Begriffs »Streßdosis« • Diskussion des Zusammenhangs von Leistung und Streß	60 Min.
5. Kennenlernen von Aktivierungsübungen	• Aktivierungsübungen für die Nackenmuskulatur und den oberen Rücken durchführen	10 Min.
6. Analyse eigener Stressoren und Übung zur Wahrnehmung von Streß bei Mitarbeitern und Kollegen	• Erstellen individueller Stressorenlisten • Erste Vermutungen über Handlungsketten und Bewertungsmuster anstellen • Austausch in Kleingruppen über Stressoren anderer Personen	60 Min.

3. Halbtag

Zielsetzung	Inhalt	Dauer
1. Wissen über Techniken zur Stressorenbewältigung	• Überprüfung von Copings der Tn/Kl zur Stressorenbewältigung • Übersicht über mögliche Techniken (systematische Problemlösung, Zeitmanagement, Arbeitsmethodik) • Vorstellung der systematischen Problemlösung als Technik	30 Min.
2. Anwendung der systematischen Problemlösung auf Tn/Kl-Beispiele und Transfersicherung	• Diskussion in Kleingruppen über Stressorenbewältigung der Tn/Kl durch die systematische Problemlösung	60 Min.
3. Erlernen der Muskelentspannung »Kurzform«	• Übung der Kurzform der muskulären Entspannung (Embryo)	30 Min.
4. Wissen über den biologischen Sinn des Streßmechanismus, über Streßreaktionen und Streßfolgeschäden	• Kurzvortrag über den biologischen Sinn des Streßmechanismus • Erläuterungen über die Auswirkung der Alarmreaktion in heutiger Zeit • Beschreibung der Streßreaktionen auf den vier Verhaltensebenen • Diskussion von Streßfolgeschäden auf die vier Verhaltensebenen bezogen	60–95 Min.
5. Fähigkeit zur Selbst- und Fremdanalyse von Streßreaktionen	• Erstellen einer persönlichen Streßanalyse für kurz- und langfristige Streßreaktionen	30 Min.

4. Halbtag

Zielsetzung	Inhalt	Dauer
1. Wissen über Möglichkeiten, Eskalation zu vermeiden und über den geeigneten Interventionszeitpunkt, Erlernen einiger Techniken hierzu	• Erörterung und Diskussion über den richtigen Interventionszeitpunkt • Übersicht über die Techniken der kurzfristigen Erleichterung	90 Min.
2. Kennenlernen der Stufe 1 des Autogenen Trainings	• Kurzvortrag über die Grundlagen des AT • Durchführung der Stufe 1 (Schwereübung) des AT	30 Min.
3. Wissen über Spontanentspannungstechniken; Erlernen von Spontanentspannungstechniken, auf konkrete Situationen zugeschnitten	• Übersicht über Möglichkeiten der Spontanentspannung • Auswahl geeigneter Methoden für persönliche Situationen der Tn/Kl • Training von Spontanentspannungsmethoden (mit Hilfe von Biofeedbackgeräten [PGR])	30 Min.
4. Persönliche Anwendungsplanung zur Transfersicherung; Rollenspiele zur eigenen Situation	• Gemeinsame Zusammenstellung von Kombinationen der Spontanentspannung zu persönlichen Situationen • Erarbeiten von persönlichen Handlungsabläufen und Handlungsplanen • Durchführen von Rollenspielen zu Einsatzplänen	60-90 Min.
5. Kennenlernen der Stufe 2 des autogenen Trainings	• Durchführung der Stufe 2 (Wärme-Übung) des AT	20 Min.

5. (+6.) Halbtag

Zielsetzung	Inhalt	Dauer
1. Wissen über berufs- und personenspezifische Bewertungen	• Wiederholung der Bedeutung der Organismusvariablen • Diskussion der Bedeutung von individueller Bewertung (Einstellungen) • Beschreibung des Typ-A-Verhaltens	50 Min.
2. Erlernen der Stufe 3 des Autogenen Trainings; Vertiefen der Entspannung	• Durchführung der Stufe 3 (Pulsübung) des AT	40 Min.
3. Fähigkeit zur Selbstanalyse der eigenen Bewertungs- und Verhaltensmuster	• Eigene streßauslösende Bewertungen werden in Einzel- und Kleingruppenarbeit identifiziert • Ebenso wird mit streßinduzierenden Verhaltensweisen verfahren	30 Min.
4. Erlernen der Sitzhaltung beim AT	• Durchführung der Pulsübung in der Droschkenkutscherhaltung	15 Min.
5. Einstellungsänderung kennenlernen und anwenden	• Anwendung der Einstellungsänderung (Umbewertung) Tn/Kl-Beispiele	60 Min. (–180 Min.)

6. (+7.) Halbtag

Zielsetzung	Inhalt	Dauer
1. Kennenlernen von effizienten und praktikablen Methoden zur Erhöhung der Belastbarkeit	• Übersicht effizienter Methoden zur Erhöhung der Belastbarkeit • Diskussion von »richtiger« Freizeitgestaltung • Beobachtung und Bewertung von Zufriedenheitserlebnissen der Tn/Kl-Kontakte: soziale Geborgenheit, Rückzug, Einsamkeit und Belastung werden thematisiert	60 Min.
2. Kennenlernen der Stufe 4 des Autogenen Trainings	• Durchführen der Stufe 4 (Atemübung) des Autogenen Trainings	30 Min.
3. Entwickeln eines persönlichen Übungsplanes	• Tn/Kl entwickeln selbst einen persönlichen Übungsplan • Tn/Kl tauschen sich in Kleingruppen über ihre Pläne aus	45 Min.
4. Transparenz und Motivation zum Transfer	• Austauch über die Transferplanung der Tn/Kl im Plenum • Diskussion der Erfüllung/ Nichterfüllung der Erwartungen von 1. Halbtag	30 Min.
5. Entspannung und Ausklang des Seminars	• Beliebige Abschlußübung wird gemeinsam ausgewählt und durchgeführt	30–60 Min.
6. Gegenseitiges Feedback	• Seminarrückmeldungen erfolgen mündlich oder durch Fragebogen	15 Min.

Weitere Arbeitsziele bei Bedarf und Zeit (z. B. wenn acht Halbtage zur Verfügung stehen):

- weitere Entspannungsübungen
- Fitneßübungen
- weitere Erwartungschecks (z. B. nach der Hälfte)
- weitere Seminarrückmeldungen (z. B. jeden Abend)
- evtl. persönliches Gespräch mit Tr/Th nach Vereinbarung (freiwillig, max. 15 Min.)

9.4 Zielgruppenspezifisches Streßbewältigungstraining, z. B. »Streßbewältigung im Polizeidienst«

Verhaltenstrainingsprogramm für Polizeibeamte, das ein Streßbewältigungstraining mit dem Training von Kommunikationsfertigkeiten in streßreichen Situationen verbindet. Das Verhaltenstraining für die Polizei dauert für Gruppen mit 6–8 Teilnehmern bei zwei Kursleitern 3 x 1 Woche, jeweils unterbrochen durch zwei Wochen Berufsausübung. Nach etwa 6–9 Monaten besuchen die Teilnehmer zusätzlich ein spezielles einwöchiges Kommunikationstraining. Die Verhaltensübungen werden an speziell für die Zielgruppe erarbeiteten Situationsbeispielen durchgeführt.
Dieses Programm kann natürlich auf andere Zielgruppen übertragen werden. Bei einem so umfangreichen Programm empfiehlt sich eine Pilotstudie (Feldbeobachtung) vorab, um das Training maßschneidern zu können.
Neben den im folgenden aufgeführten Lernzielen werden täglich mit den Teilnehmern Entspannungs- und Aktivierungsübungen durchgeführt.

1. Woche

1. Motivationsphase	• Begrüßung durch Tr/Th • Vorstellungsrunde • Erwartungabfrage • Gruppen und Seminarregeln festlegen • Transparenz: Tr/Th erläutert Seminarziele und Ablauf
2. Streßtheorie	• Streßdefinition Streß früher und heute
3. Streßanalyse	• Individualität von Streß erarbeiten • Erstellen von individuellen Stressorenlisten • Besprechen persönlicher Stressoren mit Lernpartnern • Zusammentragen der Ergebnisse (Flip) im Plenum • Erarbeiten und Erklärung des S-O-R-Modells • Analyse der eigenen Stressorenliste: Was läßt sich ändern?
4. Streßtheorie	• Streßreaktionen durch Biofeedbackgerät verdeutlichen • Psychische und physiologische Reaktionen • zwei Gruppen tragen eigene Streßreaktionen zusammen und diskutieren, Ergebnisse werden im Plenum gesammelt • Erklärung der vier Verhaltensebenen • Überlegung welche Reaktionen der einzelne (auf den vier Ebenen) bei sich wahrnimmt • Streßkreisläufe erläutern
5. Streßdosis; Streß und Leistung	• Individualität von Stressoren erarbeiten • Auswirkungen von Streß auf Leistung Strukturierung der persönlichen Stressorenliste: Intensität und Häufigkeit
6. Wissen über die Organismusvariable	• Erläuterung und Diskussion von Bewertungen • Gedanken über persönliche Bewertungen

7. Streß-bewältigung	• Allgemeine Sammlung von Streßbewältigungs-methoden • Was sind meine eigenen bisher praktizierten Streßbewältigungsmethoden • Diskussion der Ergebnisse • Gruppierung in positive und negative Methoden • Diskussion langfristiger Wirkungen • Bewertung der eigenen Bewertungsmethoden • Bewältigungsmöglichkeiten dem S-O-R-Modell zuordnen
8. Kurzfristige Erleichterung	• Erarbeiten und Vorstellen der Methoden der kurzfristigen Erleichterung (KE) • Demonstration einer Handlungsprobe durch Tr/Th und einen Tn/Kl • den richtigen Interventionszeitpunkt besprechen • Tn/Kl überprüfen ihre Stressorenliste auf ein mögliches Situationsbeispiel für eine Handlungs-probe zur KE • Tn/Kl besprechen ihre Handlungsproben in Lernpartnerschaften • alle Tn/Kl führen Handlungsproben durch
9. Hausaufgaben nach der ersten Woche	• Fremd- und Selbstbeobachtung • auf Erfahrungsaustausch zu Beginn der zweiten Woche vorbereiten • regelmäßig Entspannungsübungen durchführen (Kassette) • Inhalte der Handlungsproben in vivo erproben

Entspannungs- und Aktivierungsübungen werden täglich zweimal durchgeführt.

2. Woche

1. Fortsetzung der Rollenspiele zur kurzfristigen Erleichterung	• Transferkontrolle von Woche 1 und Zwischenzeit • allgemeine Rückmeldung ohne Seminarbezug • Besprechen, wie in der Seminarpause Tn/Kl mit der Streßliste, den Techniken und der Entspannung umgegangen sind • Thematische Wiederholung der bisherigen Trainingsinhalte • Fortsetzung der Handlungsproben zur KE
2. Systematische Problemlösung	• Vorstellen der systematischen Problemlösung • Tn/Kl erarbeiten am eigenen Beispiel die Problemlösung in Einzelarbeit • eine Beispiellösung in der Gruppe vorstellen und diskutieren • in Lernpartnerschaften: – gemeinsame Problembeschreibung – Lösungsmöglichkeiten erarbeiten • Bewertung der Lösungsmöglichkeiten im Plenum
3. Einstellungsänderung	• Tr/Th erläutert, was Einstellungen (Bewertungen) sind • Zusammenhang von Bewertungen und S-O-R-Modell thematisieren • persönliche Stressorenliste auf eigene Bewertungen hin prüfen • Vorstellung der 5 Schritte zur Einstellungsänderung anhand eines vorgegeben neutralen Beispiels durch Tr/Th • exemplarische Durchführung einer Einstellungsänderung eines Teilnehmerbeispiels durch Tr/Th • Tn/Kl bearbeiten Schritt 1 anhand eines eigenen Beispiels aus der Stressorenliste • Besprechung einiger Ergebnisse im Plenum
4. Hausaufgaben nach der zweiten Woche	• Fremd- und Selbstbeobachtung • auf Erfahrungsaustausch zu Beginn der dritten Woche vorbereiten • regelmäßig Entspannungsübungen durchführen (Kassette) • Inhalte der Handlungsproben in vivo erproben • systematische Problemlösung in die Praxis umsetzen • eigene Bewertung beobachten

Entspannungs- und Aktivierungsübungen werden täglich zweimal durchgeführt.

3. Woche

1. Einstellungs-änderung	• Transferkontrolle von Woche 2 und Zwischenzeit • Durchführung von Einstellungsänderung mit Tn/Kl-Beispielen in zwei betreuten Kleingruppen
2. Kommunikation zur Streß-bewältigung	• Einführung, warum Kommunikation in der Streßbewältigung wichtig ist • Übung »4 Ohren« durchführen • Gesprächsbarrieren zwischen Sender und Empfänger sammeln • Übung »Informationskette« durchführen • Kennenlernen der Methode des kontrollierten Dialogs • Regeln des aktiven Zuhörens kennenlernen und aktives Zuhören einüben • Einführung in die Problemgesprächsführung
3. Hausaufgaben nach der dritten Woche	• Fremd- und Selbstbeobachtung • auf Erfahrungsaustausch zu Beginn der vierten Woche vorbereiten • regelmäßig Entspannungsübungen durchführen (Kassette) • Inhalte der Handlungsproben in vivo erproben • systematische Problemlösung in die Praxis umsetzen • eigene Bewertung beobachten • an der Einstellungsänderung weiterarbeiten • Transfer der Kommunikationstechniken zur Streßbewältigung durchführen

Entspannungs- und Aktivierungsübungen werden täglich zweimal durchgeführt.

4. Woche

1. Zielgruppen-spezifisches Kommunikationstraining für Polizeibeamte zur Erhöhung der sozialen Kompetenz	• Transferkontrolle von Woche 1–3 • Verhaltensbereiche • Kontakt zum Bürger • Umgang mit Belehrungen • Umgang mit Aggressionen

Entspannungs- und Aktivierungsübungen werden täglich zweimal durchgeführt.

10. Effekte

Positive Effekte von Streßbewältigungstrainings werden vielfach berichtet, z. B. bei Krankheitsprävention, bei Bluthochdruck und Typ-A-Verhalten. Vielfach nachgewiesen sind in den USA eine Reduktion der Fehlzeiten, der Personalfluktuation und eine Steigerung des commitment-Gefühls.
Allerdings sind die angewendeten Techniken, Zielgruppen und Zeitaufwendungen schwer miteinander vergleichbar.
Auch Krankenkassenpräventionsprogramme (z. B. das IFT-Programm nach Kessler und das Programm von Kaluza, 1988) wurden und derzeit werden zwei Präventionsprogramme der Autorin auf Effektivität überprüft.
Unser in Kapitel 9.4 beschriebenes Streßbewältigungstraining für Polizeibeamte wurde umfassend begleitend evaluiert (siehe Bruns, G., 1986). Hier Auszüge aus dieser Arbeit:
Teilnehmer des Trainings (gesunde Personen) waren jeweils acht Polizeibeamte, angeleitet von zwei von uns ausgebildeten und supervidierten Trainern (Multiplikatoren). Ein wesentlicher Trainingsbestandteil waren die eingeschobenen Transferphasen: drei Dienstwochen am Heimatort im Anschluß an jede Trainingswoche. So konnten die neuerworbenen Fähigkeiten unmittelbar in der Realität erprobt und anschließend – während des nächsten Trainingsblockes – problemorientiert diskutiert werden. Während der Praxisblöcke wurden Transferprobleme genau beobachtet, protokolliert und für die Gruppenarbeit nutzbar gemacht. Probleme und Bewältigungen wurden so nach jeder Praxisphase in der Gruppe analysiert und kritisch diskutiert; die Effektivität und die Praxisrelevanz der vermittelten Techniken konnten sofort und unmittelbar getestet werden.

Trainingskomponenten

trainiert wurden:
- Einführung in die Thematik »Streß«
- Erarbeitung des nötigen Wissens zur Streßbewältigung

- Streßanalyse
- Kurzfristige Erleichterung
- Langfristige Veränderung

  Entspannung: Progressive Relaxation, Autogenes Training, Atemtechniken

  Einstellungsänderung

  Problemlösetechniken

  Kommunikation zur Streßbewältigung

Meßinstrument war in erster Linie der von Brengelmann entwickelte Scope (Stress and Coping: Beschreibung der Streß/Coping-Skalen z. B. Brengelmann, 1993; siehe Literaturhinweis).

Zur Trainerbeurteilung

Die Teilnehmer haben die Trainer anhand der vier Skalen »Direktive Kompetenz«, »Sympathie«, »Aktivität« und »Ruhe« beurteilt. Es zeigte sich, daß direktive Trainer, die gleichzeitig »sympathisch« auftraten und aktiv waren, sowohl von Trainingsteilnehmern bevorzugt wurden als auch den Trainingsfortschritt effektiver unterstützten, als nichtdirektive Trainer. Offensichtlich sollen Trainer Ruhe und Gelassenheit ausstrahlen, ohne dabei inaktiv zu sein. Aktivität und Ruhe sind hier nicht als konträre Eigenschaften zu verstehen, sondern als Kombination unabhängiger Verhaltensweisen.

Im einzelnen:

Direktives, »sympathisches« und »ruhiges« Trainerverhalten ging mit einer Reduzierung von Verhaltensweisen einher. »Direktive Kompetenz« und »Aktivität« waren günstige Trainereigenschaften, zur Förderung von »Selbstbestimmung und Besonnenheit«. »Ruhige« Trainer schafften es eher, »Soziale Hemmung« zu beseitigen.

Direktive Trainer waren kompetenter, Verdrängung zu reduzieren und die Interpretation von Kummer, Sorgen und Schwierigkeiten im Leben in optimistischere Bahnen zu lenken. Personen, die von direktiven Trainern trainiert wurden, waren erfolgreicher darin, mehr Freiheitsgrade im Leben zu entdecken und eine höhere Eigenverantwortlichkeit bzw. Selbstwirksamkeit bezüglich Ablauf und Gestaltung des eigenen Lebens zu entwickeln.

Außerdem waren sie erfolgreicher darin, Typ-A-Verhaltensweisen zu verringern und die Lebensqualität zu verbessern.
Sie waren – zusammenfassend – erfolgreicher darin, resignativ-rigide Interpretationen von Belastungen zu modifizieren. Sie förderten selbstbestimmtes und rationales Verhalten und reduzierten dysfunktionale Wahrnehmungen besser als nichtdirektive Trainer.
»Sympathische« Trainer reduzierten eher ungünstige Belastungswahrnehmungen wie etwa »Schwierigkeiten im Leben« und Belastungsinterpretationen wie z. B. Typ-A-Belastungsinhalte.
Aktive Trainer waren besonders effektiv darin, Konfliktlösungsfertigkeiten zu steuern, Verdrängung zu reduzieren, Optimismus, Menschenkenntnis und Einfühlungsvermögen zu fördern. Die von aktiven Trainern trainierten Personen widmeten ihrem Gegenüber im Gespräch mehr Aufmerksamkeit, waren dabei weniger unsicher und erfahren auch weniger Ablenkung. Diese Personen konnten ihre Lebensqualität im Beruf und in der Familie besser steigern als andere. Die anhand der Skala »Typ-A-Belastung« beschriebenen Reaktionen und Verhalten wurden erfolgreich reduziert.
Ruhige und gelassene Trainer reduzierten besonders geschickt sozial dysfunktionale Verhaltensweisen wie Schweigsamkeit, Redehemmung und Unsicherheit im Gespräch und förderten soziale Aufmerksamkeit. Die von ruhigen Trainern trainierten Personen sahen mehr Freiheitsgrade im Leben und orientierten sich eher an optimistischen Interpretationen der Realität.

Zu Effekten für die Teilnehmer

Tn berichteten über eine Reihe von verbesserten Fertigkeiten zur Bewältigung von Streßsituationen. Sie fühlten sich insgesamt leistungsfähiger und entspannter, hatten mehr Selbstvertrauen in die eigenen Fähigkeiten, fühlten sich sicherer und kompetenter, und belastende Situationen wurden von ihnen souveräner und kontrollierter bewältigt.
Am deutlichsten waren die Effekte im Bereich der *»Sozialen Zurückhaltung«* festzustellen. Die Tn reduzierten ihre emotionale und soziale Zurückhaltung, sie artikulierten mehr Gefühle und

private Dinge, als sie dies vor dem Training getan hatten, und sie verbargen und unterdrückten spontane Gefühle und Empfindungen weniger.
Über ärgerliche und unangenehme Dinge waren sie eher bereit zu sprechen. Probleme wurden angegangen anstatt unterdrückt. Unangenehme Gefühle wurden nicht mehr »in sich hineingefressen«, sondern dem Gegenüber moderat mitgeteilt, und die damit zusammenhängenden Probleme und Ursachen wurden aktiv angegangen.
Auch im Bereich der »sozialen Hemmung« und der »sozialen Initiative« zeigte sich ein deutlicher Trend in Richtung gesteigerter sozialer Aktivität. Die Teilnehmer berichteten, daß sie weniger Schwierigkeiten hatten, Zugang zu fremden Personen zu finden und leichter neue Leute kennenlernten. In Diskussionen und Alltagsgesprächen fiel es ihnen leichter, sich einzubringen, sie trauten sich eher zu, das Wort zu ergreifen und gingen angstfreier an Vorträge heran. Kontaktfreude und soziale Sicherheit nahmen zu. Sie akzeptierten sich eher und waren von ihrer eigenen Attraktivität eher überzeugt.
Bei kurz- und langfristigen *Streßreaktionen* zeigten sich folgende Ergebnisse: Die Tn berichteten über bessere Fertigkeiten zur Entspannung, konnten eher abschalten und trauten sich gleichzeitig höhere Leistungsfähigkeit, größere Ausdauer und verbesserte Konzentration zu. Durch Sorgen und Probleme induzierter Schmerz nahm ab, Ärger und Wut führten in geringerem Ausmaß zu körperlichen Beschwerden, und unangenehme Körpergefühle verringerten sich deutlich. Sie waren eher in der Lage, unter Druck Verantwortung zu übernehmen und erlebten hohe Anforderungen nicht mehr als so große Belastung.
Das Training reduzierte deutlich die *Reizbarkeit*. Trainierte Polizeibeamte reagierten seltener gereizt und aggressiv. Sie waren besser in der Lage, auch mit ihnen unangenehmen Personen kontrolliert umzugehen.
Zur Interpretation *negativer Lebenserfahrungen* (Bewertung):
Tn sahen deutlich positiver in die Zukunft, irrationale Zukunftsängste verringerten sich und zukünftige Problemsituationen konnten angstfreier angegangen werden. Streßinduzierende Ein-

stellungen wurden durch realitätskonformere und selbstförderliche Kognitionen ersetzt.
Ihr Vertrauen in das persönliche Bewältigungspotential wurde deutlich größer, und sie entdeckten für sich einen größeren Handlungsspielraum.
Insbesondere im *Typ-A-Skalenbereich* ließen sich signifikante Verbesserungen beobachten. Die Lebensqualität wurde als deutlich gesteigert berichtet, es eröffneten sich mehr Freiheitsgrade im Leben.
Einige Beschwerden im vegetativen Bereich wurden deutlich reduziert.

Zusammenfassend kann man sagen:

Es zeigten sich die größten Effekte beim Verhalten des Typ A, bei der Reduktion unspezifischer vegetativer Reaktionen, bei Reizbarkeit sowie eine deutliche Steigerung der sozialen Sicherheit und Aktivität, Reduzierung von Streßreaktionen und Restrukturierung der Wahrnehmung und der Interpretation negativer Lebenserfahrung.
Das bedeutet z. B.:
Tn

- artikulierten mehr Gefühle und private Belange (emotionale Zurückhaltung, auch Streß)
- gingen Streßprobleme direkter an
- konnten besser körperlich und psychisch entspannen
- konnten besser abschalten
- beobachteten bessere Konzentrations- und Leistungsfähigkeit
- hohe Anforderungen wurden nicht mehr so belastend bewertet
- wurden optimistischer
- irrationale Zukunftsängste reduzierten sich
- zukünftige Problemsituationen konnten angstfreier angegangen werden
- fühlten sich weniger hilflos (Vertrauen in das persönliche Bewältigungspotential wurde größer)
- Reizbarkeit und Aggression nahmen ab.

Literatur in Auswahl

Für Trainer

Beschreibung von Streßbewältigungstrainings

Brengelmann, J. C. (1988). Streßbewältigungstraining 1: Entwicklung. Frankfurt: Peter Lang (Beschreibung des 1. Streßbewältigungstrainings für die Polizei)

Höfling, S., Giesecke, U. (Hrsg.) (2001). Gesundheitsoffensive Prävention. München. Hrsg. von der Hanns-Seidel-Stiftung

Kaluza, G. et al. (1988). Entwicklung und Evaluation eines Programms zur Streßbewältigung. In: Verhaltensmodifikation und Verhaltensmedizin (9), S. 22–41.

Kaluza, H. & Basler, D. ([2]1996). Gelassen und sicher im Streß. Berlin: Springer

Kessler, A.: Streßbewältigungsprogramm, Kursleiterunterlagen, IFT-Manuale, Bd. 24, München.

Meichenbaum, D.W. (1994). Kognitive Verhaltensmodifikation. Weinheim: Beltz.

Wagner-Link, A. (1987). Streßmanagementtraining und Training positiven Verhaltens. In: J.C. Brengelmann, Rosenstiel, L.v., Bruns, G. (Hrsg.). Verhaltensmanagement in Organisationen. Frankfurt: Lang.

Wagner-Link, A. (1995). Anti-Streß-Training. In: S.K.D. Sulz (Hrsg.). Das Therapiebuch: Erfahrene Psychotherapeuten berichteten, wie sie Therapie machen. München: CIP-Medien, S. 221–238.

Streßtheorie:

Biener, K. (1993). Streß: Epidemologie und Prävention. Bern: Huber.

Brengelmann, J. C., Bruns G., Olszewski, H. (1985). Streß im Polizeidienst. München: Max-Planck-Institut für Psychiatrie.

Brengelmann, J. C. (1993). Erfolg und Streß. Weinheim: Beltz, PVU.

Burisch, M. (1994). Das Burnout-Syndrom: Theorie der inneren Erschöpfung. Berlin: Springer.

Cooper, C. L. (Ed.). (1983). Stress research. Chichester, New York: John Wiley & Sons.

Dunckel, H. & Zapf, D. (1986). Psychischer Streß am Arbeitsplatz. Köln: Bund.

Fengler, J. ([5]1998). Helfen macht müde. Stuttgart: Pfeiffer bei Klett-Cotta.

Friedman, M. & Roseman, R. H. (1974). Type A behavior and your heart. New York: Alfred A. Knopf.

Holsboer, F. (1993). Streß und Hormone. Spektrum der Wissenschaft 5, S. 97–100.

Kanner, A. D., Kafry, D. & Pines, A. (1978). Conspicious in its absence: the lack of positive conditions as a source of stress. In: Journal of Human Stress 4 (4), S. 33–39.

Kohlmann, W.-C. (1990). Streßbewältigung und Persönlichkeit: Flexibles versus rigides Copingverhalten und seine Auswirkungen auf Angsterleben und physiologische Belastungsreaktionen. Bern: Huber.

Lazarus, R. S. (1966). Psychological stress and the coping process. New York: McGraw-Hill.

Leatz, C. A., Stolar, M. W. (1993). Carreer success/personal stress: How to stay healthy in a high-stress environment. New York: McGraw-Hill.

Meichenbaum, D. & Jaremko, M. (1983). Stress reduction and prevention. New York: Plenum.

Nitsch, J. R. (1981). Streß, Theorien, Untersuchungen, Maßnahmen. Bern: Huber.

Pines, A. M.; Aronson, E. & Kafry, D. (1992). Ausgebrannt: Vom Überdruß zur Selbstentfaltung. Stuttgart: Klett-Cotta.

Sapolsky, R.M. (1998). Warum Zebras keine Migräne kriegen. München: Piper.

Schwarzer, R. (1996). Psychologie des Gesundheitsverhaltens. Göttingen: Hogrefe.

Scheerer, K. R. (1985). Streß und seine Ursachen. In: K. R. Scheerer, H. G. Wallbot, F. J. Tolkmitt & G. Bergmann (Hrsg.): Die Streßreaktion. Physiologie und Verhalten. Göttingen: Hogrefe.

Selye, H. (1981). Geschichte und Grundzüge des Streßkonzepts. In: J. R. Nitsch (Hrsg.). Streß, Theorien, Untersuchungen, Maßnahmen. Bern: Huber.

Theorell, T., Harms Ringdahl, K., Ahlberg Hutten G., Westin, B. (1991). Psychosocial job factors and symptoms from the locomotore system – a multicausal analysis. Scand. J. Rehabil. Med. 23: 165–173

Zales, M. R. (Ed.). (1985). Stress in health and disease. New York: Brunner/Mazel Publishers.

Kurzfristige Erleichterung

Meichenbaum, D. H. (1977). Methoden der Selbstinstruktion. In: K. H. Kanfer & A. P. Goldstein (Hrsg.). Möglichkeiten der Verhaltensänderung. München: Urban und Schwarzenberg, S. 407–450.

Brunner, G. H. (1994). Entschärfen negativer Selbstaussagen. In: S. K. D. Sulz (Hrsg.). Das Therapiebuch: Erfahrene Psychotherapeuten berichten, wie sie Therapie machen. München: CIP-Medien, S. 152–159.

Entspannungstraining

Brechtel, Ch. ([2]1995). Wege zur Entspannung: Muskuläres Tiefentraining (MTT). Bubenreuth: TPM.

Bernstein, D. A. & Borkovec, T. D. ([8]1997). Entspannungstraining. Stuttgart: Pfeiffer bei Klett-Cotta.

Carrington, P. (1987). Das große Buch der Meditation. München: Heyne.

Gröninger, S., Stade-Gröninger, J. (1996). Progressive Relaxation: Indikation–Anwendung–Forschung–Honorierung. Stuttgart: Pfeiffer bei Klett-Cotta.

Hoffmann, B. (1977). Handbuch des Autogenen Trainings. München: dtv.

Hofmann, E. (1999). Progressive Muskelentspannung. Göttingen: Hogrefe.

Jacobson, E. ([3]1996). Entspannung als Therapie. Stuttgart: Pfeiffer bei Klett-Cotta.

Lazarus, A. ([3]1993). Innenbilder, Imagination in der Therapie und als Selbsthilfe. Stuttgart: Pfeiffer bei Klett-Cotta.

Linden, M. (1993). Entspannungstraining. In: M. Linden & M. Hautzinger (Hrsg.). Verhaltenstherapie. Berlin: Springer, S. 135–138.

Lysebeth, A. (1979). Yoga für Menschen von heute. München: Goldmann.

Müller, E. (1985). Auf der Silberstraße des Mondes. Autogenes Training mit Märchen zum Entspannen und Träumen. Frankfurt: Fischer.

Müller, E. (1994). Du spürst unter deinen Füßen das Gras: Autogenes Training in Phantasie- und Märchenreisen. Frankfurt: Fischer.

Ohm, D. (1982). Progressive Muskelrelaxation. Report Psychologie, 1992, (1), S. 27–43.

Reinhardt, B. (Hrsg.). (1991). Die große Rückenschule. Erlangen: Perimed Fachbuch.

Schultz, I. H. (1991). Das Autogene Training. Stuttgart: Thieme.

Stevens, J. O. (1975). Kunst der Wahrnehmung. München: Chr. Kaiser.

Vopel, K. W. (1992). Die zehn Minuten Pause: Mini-Trancen gegen Streß. Salzhausen: isko press.

Problemlösung:

D'Zurilla, T. & Goldfried, M. (1971). Problem solving and behaviour modification. Journal of Abnormal Psychology, (78), S. 107–126.

dies. (1990). Problem-solving training for effective stress-management and prevention. In: Journal of cognitive Psychotherapy. Vol. 4. New York.

Grawe, K. et al. (1980). Interaktionelle Problemlösungsgruppe. In: Kämmerer, A. (1983) Die therapeutische Strategie. Münster: Aschendorff.

Seiwert, L. J. (1987). Das 1 x 1 des Zeitmanagements. Speyer: Gabal.

Einstellungsänderung:

Beck, A. T. ([3]1992). Kognitive Therapie der Depression. Weinheim: Psychologie Verlagsunion.

Ellis, A. (1997). Grundlagen und Methoden der Rational-Emotive Verhaltenstherapie. Stuttgart: Pfeiffer bei Klett-Cotta.

Farelly, F. & Brandsmam J. M. (1986). Provokative Therapie. Berlin: Springer.

Keßler, B. H. & Hoellen, B. (1982). Rational-emotive Therapie in der klinischen Praxis: Eine Einführung. Weinheim: Psychologie Verlagsunion.

Meichenbaum, D. & Novaco, R. (1978). Stress inoculation: A preventive approach. In: C. D. Spielberger & I. D. Sarason (Eds.). Stress and anxiety, Vol. 5, Washington, D. C.: Hemisphere, S. 317–330.

Revenstorf, D. (1982). Psychotherapeutische Verfahren, Band II: Verhaltenstherapie. Stuttgart: Kohlhammer.

Schelp, T., Maluck, D., Gravemeier, R. (1990). Rational-emotive Therapie als Gruppentraining gegen Streß. Bern: Huber.

Soziale Geborgenheit

Belle, D. (1982). Lives in stress: Women in depression. Beverly Hills, CA: Sage.

von Holst, D. & Scherer, K. R. (1988). Streß. In: K. Immelmann et al. (Hrsg.). Theorien und Methoden der Bewältigungsforschung. Weinheim: Juventa.

von Holst, D. und Scherer, K. R.: Streß. In K. Immelmann et al. (Hrsg.), Psychobiologie, Stuttgart: G. Fischer, 1988 (Kap. 9: Soziale Unterstützung).

House, J. (1988) Work, Stress and Social Support, New York: Addison-Wesley.

Kandel, D. B. & Ravels, V. (1985). The stressfulness of daily social roles for women: Marital, occupational and household roles. In: Journal of Health and Social Behaviour, 26, 64–78.

McGrath, E., Keita, G. P., Strickland, B., Russo, N. F. (1993). Frauen und Depression, Bergheim: Mackinger.

Röhrle, B. (1994). Soziale Netzweke und soziale Unterstützung. Psychologie Verlags Union, Weinheim.

Schröder, A. und Schmitt, B. (1988). Soziale Unterstützung. Bruderl (Hrsg.), Theorien und Methoden der Bewältigungsforschung.Weinheim: Juventa.

Zufriedenheitserlebnisse

Koppenhöfer, E. (1990). Therapie und Förderung genußvollen Erlebens und Handelns. In: M. Zielke & N. Mark (Hrsg.). Fortschritte der angewandten Verhaltensmedizin. Berlin: Springer.

Lutz, R. (1983). Genuß und Genießen. Weinheim: Beltz.

Nöldner, W. (1990). Gesundheitsverhalten in Freizeit und Urlaub. In: Schwarzer, R. (Hrsg). Gesundheitspsychologie. Göttingen: Hogrefe.

Gruppentherapie:

Corey, G. et al. (1988). Group techniques. Pacific Grove. Cal.

Grawe, U. (Hrsg.) (1980). Verhaltenstherapie in Gruppen. München: Urban & Schwarzenberg.

Schwäbisch, L., v. Siems, L. (1974). Anleitung zum sozialen Lernen für Paare, Gruppen und Erzieher. Reinbeck: Rowohlt.

Yalom, I. (⁴1996). Theorie und Praxis der Gruppenpsychotherapie. Ein Lehrbuch. Stuttgart: Pfeiffer bei Klett-Cotta.

Effekte

Brengelmann, J. C., Peterander, F. & Schindler, L. (1985e). Streßmanagementtraining. Unveröffentlichtes Manuskript, München: MPI für Psychiatrie, Psychologische Abteilung.

Bruns, G. (1986). Streß und Coping. Erste Evaluierung eines Streßbewältigungstrainings. Universität Bielefeld, Psychologische Diplomarbeit.

Kaluza, G. et al. (1988). Entwicklung und Evaluation eines Programms zur Streßbewältigung. In: Verhaltensmodifikation und Verhaltensmedizin. 9. Jahrg.

Für Teilnehmer geeignet

Ceh, J. (1991). Entspannen jederzeit! Techniken zur besseren Streßbewältigung. München: mvg.

Cooper, C. L. (1981). Streßbewältigung: Person, Familie, Beruf. München: Urban & Schwarzenberg.

Fontana, D. (1991). Mit dem Streß leben, Bern: Huber.

Juli, D., Engelbrecht-Greve, M. (1994). Streßverhalten ändern lernen. Reinbek: Rowohlt.

Körner, J. (1978). Johannes Erzählung. Fellbach: Lucy Körner Verlag.

Lindemann, H. (1986). Überleben im Streß, Autogenes Training, München: Heyne.

Rodden-Ram, R. (1993). Was kann ich tun bei Überforderung und Dauerstreß? München: BLV.

Seiwert, L. J. (1987). Das 1 x 1 des Zeitmanagements. Speyer: Gabal.

Selye, H. (1974). Streß. München: Piper.

Tausch, R. (1996). Hilfen bei Stress und Belastung. Reinbek: Rowohlt.

Trauer, T. (1989). Vom positiven Umgang mit Streß. Derendingen: Habbeger.

Vester, F. (¹²1991). Phänomen Streß. Stuttgart: Deutsche Verlags-Anstalt.

Wagner-Link, A. (⁵2001). Aktive Entspannung und Streßbewältigung. Ehningen: Expert.

Wagner-Link, A. (2000). Lustvoll arbeiten. Mehr Spaß im Job, mehr Zeit für gesunden Ausgleich. Broschüre aus der Techniker Krankenkasse. Schriftenreihe zur gesundheitsbewußten Lebensführung. Hamburg: Techniker Krankenkasse.

Wagner-Link, A. Der Stress (⁹2000): Stressoren erkennen, Belastungen vermeiden, Streß bewältigen. Hamburg: Techniker Krankenkasse. Schriftenreihe zur gesundheitsbewußten Lebensführung. Hamburg: Techniker Krankenkasse.

Wagner-Link, A. (1996). Sackgasse Streß? Bewältigungsstrategien bei Krankheit und während der Genesung. Stuttgart: Trias.

Kleine Auswahl von zur Meditation geeigneter Musik

Serie »Musik zur Ruhe«: »Stille« (Bach, Brahms, Dvořák, Elgar, Jarre u. a.). Hamburg, 1985, Polydor 415908-1

Hamel, Peter Michael: »Transition«, Meditationsmusik. E. R. P.-Musikverlag, München, Nr. 64/65

Vetter, Michael: »Overtones«, Voices & Tambura. Wergo Spectrum, Mainz, 1993, SM 1038/39

Deuter:

- »Ecstasy/Silence is the answer«. E. R. P.-Musikverlag, München, 1983, Nr. 049/050 oder 2001-Versand, Nr. 42014
- Sands of time«

Kitaro:

- »Silk Road« E. R. P.-Musikverlag, Habsburgerplatz 2, 80801 München, Nr. 051/052 oder 2001-Versand, Nr. 42014
- »Towards the west«
- »Tunhuang«
- »Ten years«
- »In Person«
- »Oasis«
- »KI«
- »The best of Kitaro«

Horn, Paul: »Inside the great pyramid«. E. R. P.-Musikverlag, München, 1983, Nr. 060/061 oder 2001-Versand, Nr. 42014

Shanti, Oliver: »Rainbow Way«. Sattva-Verlag, Herzog-Wilhelm-Str. 7, 80331 München, 1988

Bollmann, Christian: »Drehmomente« Neue Meditative Musik. Network Medien-Cooperative, 2001-Versand

Für Phantasiereisen geeignet

Buntrock, Martin:

- »Traumreise«, CB Music, mentalis, Essen
- »Spaziergang am Bach«
- »Meer«

DAK Entspannen mit Musik, DAK Hamburg

Bamboo Waterfall, Nature recordings N 12. P.O. Box 2749, Friday Harbor, WA 98250

Jörg Fengler:

Helfen macht müde

Zur Analyse und Bewältigung von Burnout und beruflicher Deformation

5., überarbeitete und erweiterte Auflage 1998. 283 Seiten, broschiert, ISBN 3-608-89626-0

Leben lernen 77

Das Buch handelt von Helfern und ihren Klienten. Es unterstützt Psychotherapeuten, Ärzte, Lehrer, Pflegepersonal, aber auch Familienmitglieder, die kranke oder behinderte Angehörige pflegen, darin, ihre Helfersituation zu klären. Die 5. Auflage enthält mehrere neue Aspekte und Kapitel. So wird die Beziehung von Burnout und Stress thematisiert, Burnout als diagnostisches Problem untersucht. Programme und Seminare zur Burnout-Prophylaxe werden vorgestellt.

Angelika Wagner-Link:

Kommunikation als Verhaltenstraining

Arbeitsbuch für Therapeuten, Trainer und zum Selbsttraining

1998. 272 Seiten, broschiert, ISBN 3-608-89644-9

Leben lernen 118

Mit dem verhaltenstherapeutisch orientierten Buch kann Kommunikation systematisch verbessert und geschult werden. Fünf Verhaltensbereiche sind hier, mit vielen Beispielen, Fragebögen und Übungen, repräsentiert: Kontakt aufnehmen, Durchsetzen und Fordern, Selbstdarstellung und Präsentation, Kommunikation in Beziehungen, Kommunikation bei Aggressionen und Konflikten. Nicht nur Psychotherapeuten und Trainer können das in der Praxis erprobte Konzept mit Gewinn einsetzen, sondern alle, die an ihrer Kommunikationsfähigkeit arbeiten wollen.

pfeiffer
bei Klett-Cotta